HaffmansTaschenBuch 23

Norbert Johannimloh

Appelbaumchaussee

Geschichten vom Großundstarkwerden

Haffmans Verlag

Die Erstausgabe erschien 1983
im Haffmans Verlag

Veröffentlicht als
HaffmansTaschenBuch 23, Herbst 1988
Konzeption und Gestaltung von
Urs Jakob
Umschlagbild von
Almut Gernhardt

Herstellung: Ebner Ulm
ISBN 3 251 01023 9

1 2 3 4 5 6 – 93 92 91 90 89 88

»Alles ist nach dem Leben gezeichnet …
Für etwaige Zweifler … sei es Roman!«
Theodor Fontane
(im Vorwort zu ›Meine Kinderjahre‹)

Wenn du grautunstark werden wills wi de Papa,
dann moß du ower auk Pumpernickel iaten.

Inhalt

Die Sache mit dem großen Brotmesser

Ich hatte bestimmt schon zehnmal das Gutenacht-Gebet wiederholt. Aber ich konnte einfach nicht einschlafen. Darum ging ich erst nochmal runter zum Pinkeln.

Die Tür zum Kuhstall war auf. Papa hockte auf dem Melkschemel, das Brotmesser in der Hand, das größte Messer, das es im Hause gab. Am Abend hatte er es geschliffen. Der Schleifstein quietschte entsetzlich. Tante Lene hielt sich die Ohren zu. Mama wandte sich ab und ging in den Keller. Dahin ging sie immer, wenn sie Angst hatte, wenn die Bomber am Himmel brummten und wenn es ein Gewitter gab. Papa lachte sie aus, wenn sie beim Gewitter in den Keller ging. Aber das half nicht. Als Papa das Brotmesser schliff, war kein Bomberbrummen über dem Haus und auch nicht von weitem das leiseste Grummeln zu hören. Und trotzdem ging Mama in den Keller. Als sie die Treppe hinunterging, sah ich noch, wie sie sich mit dem Schürzenzipfel die Augen rieb. Darum konnte ich auch nicht schlafen hinterher. –

Papa saß in der Kuhstalltür. Der breite Rücken füllte das Türloch aus. Ich konnte nicht an ihm vorbeisehen. Außerdem brannte nur die Stall-Lampe. Da war nur eine schwache Birne drin – wozu braucht man auch im Kuhstall viel Licht – zudem war die Lampe voller

Fliegendreck und Kuhscheißespritzer. Auf der Deele war es ganz dunkel. Bei uns wurde das Licht immer nur angemacht, wenn es nötig war, und dann sofort wieder ausgeknipst. –

Papa schaute sich kurz um, als ich auf die Deele kam, drehte mir sofort wieder den Rücken zu und sagte: »Wat wills du heier?« – »Hab wohl gestern zuviel Brot wasser getrunken.« – »Dann gaoh na bouten. Du söihs, dat ik heier sitte.« Papa und die Jungen gingen nicht auf den Lokus, wenn sie nur pinkeln wollten. Dazu stellte man sich einfach in die Kuhstalltür. Wobei die Kuh manchmal zu schleckern versuchte, wenn sie mit ihrer langen Zunge den Strahl erreichen konnte.

Ich trat nahe an die Tür heran, so daß ich Papa über die Schulter gucken konnte. Papa war zwar breit, aber nicht groß, und außerdem saß er auf dem niedrigen Melkstuhl und beugte sich nach vorn. Ich konnte tatsächlich über ihn hinweg sehen. Die Kuh lag am Boden, wie ich sie noch nie hatte liegen sehen. Die Beine von sich gestreckt wie Wiesenpfähle. Das Euter schlaff wie ein leerer Mehlsack. Der Kopf ganz komisch nach hintenüber verrenkt. – Sonst hielt sie den Kopf nur so, wenn sie össig war, wenn sie zum Bullen mußte, einmal im Jahr, wenn das Kälbchen abgeholt war von dem Mann mit den Ledergamaschen, dann hielt sie den Kopf auch so in den Nacken und brüllte – anders als sonst – und zerrte an der Kette, wenn sie im Stall war, und in der Wiese rannte sie wie verrückt am Stacheldraht entlang. Genauso hielt sie jetzt den Kopf, aber am Boden liegend und ohne Brüllen. Von Zeit zu Zeit schnaufte sie und streckte den Kopf noch mehr in den Nacken und hielt Papa den Hals hin. »Wat stäihs du dao na?« sagte er.

Ich ging kurz nach draußen, stellte mich unter den Pfundbirnenbaum und kroch dann wieder ins Bett. Konnte aber immer noch nicht einschlafen. Warum saß Papa mitten in der Nacht in der Kuhstalltür, mit dem Brotmesser in der Hand? Wenn er die Kuh schlachten wollte, ohne daß Mama es sah, warum saß er dann da und tat nichts? Brachte er es einfach nicht fertig? Aber er konnte doch den Hühnern die Köpfe abschlagen, daß das Blut nur so spritzte. Und auch Kaninchen machten ihn nicht weich. Mit einer handlichen Eisenstange gab er ihnen einen leichten Schlag in den Nacken, wenn sie groß genug waren, daß es sich lohnte, ihnen das Fell über die Ohren zu ziehen. Und wenn unsere Katze Junge hatte und wenn die Kleinen so groß geworden waren, daß sie vom Heuboden heruntergekrabbelt kamen und wir ihnen Kuhmilch ins Näpfchen gossen und wir uns freuten, wenn sie ihre rosanen Schnäuzchen zu tief in die Milch steckten, so daß sie prusten mußten und gar nicht mehr aufhören wollten, sich die Nasenlöcher auszulecken, dann kam Papa, packte sich die kleinen Dinger auf den Arm, ging nach draußen und warf sie eins nach dem anderen an die Hauswand, grub ein Loch hinter der Mistgrube, schob die Kätzchen mit dem Spaten hinein und machte wieder zu. – Wenn er Hühner, Kaninchen und die niedlichen Kätzchen umbringen konnte, warum sollte er es dann nicht fertigbringen, der blöden Kuh den Hals abzuschneiden! – Aber warum saß er da mit dem Brotmesser in der Hand und tat nichts? Es war überhaupt komisch, daß er die Kuh allein schlachten wollte, denn wenn wir ein Schwein schlachteten, mußte immer Kleinerüschkamps Willem aus dem Wäßelkotten kommen, und ein Schwein ist doch viel kleiner als so eine Kuh. Aber warum saß er mit dem Brotmesser in der Kuhstalltür, wenn er die Kuh nicht schlachten wollte? Ich konnte immer noch nicht schlafen. Ob ich zu Mama in die Kammer schleichen sollte und sie fragen sollte, was Papa vorhatte? Sie mußte etwas wissen. Warum hatte sie sich sonst am Abend mit dem Schürzenzipfel die Augen gerieben, als Papa das Brotmesser schliff. Aber sie wäre zu sehr erschrocken, wenn ich mitten in der Nacht auf einmal vor ihrem Bett aufgetaucht wäre. Mama war ja so schreckhaft und ängstlich.

Warum ich nicht einfach meinen Vater gefragt, habe? Als ob ich den so einfach was hätte fragen können! Papa sprach nicht richtig mit uns. Nur wenn wir ihm etwas holen sollten, zum Beispiel ein Prömpken Kautabak – Grimm & Triepel, keine andere Sorte –, oder wenn wir ins Bett gehen sollten, dann sagte er uns das kurz. Einmal muß ich es wohl überhört haben. Jedenfalls sprang er ganz plötzlich vom Sofa auf, griff einen Schlappen – so einen mit einer harten Sohle – und versohlte mir den Hintern derart, daß ich es bis heute nicht vergessen habe. Ich weiß nicht, und ich wußte auch damals nicht, warum er mich versohlte.

Glaubst du, ich hätte ihn fragen können? Es hätte unweigerlich eine zweite, weit schlimmere Tracht Prügel gegeben. Weil es draußen schon dunkel war und wir das Abendessen schon hinter uns hatten, schloß ich, daß ich ins Bett gehen, sollte und verschwand schleunigst. Papa etwas fragen oder gar richtig mit ihm reden, länger als zwei Minuten, so richtig hin und her, mal ich mal er, das konnte man damals noch nicht. Das ging erst viele Jahre später, als er die größte Hypothek abbezahlt hatte, die auf dem Haus lag, und er abends keine Überstunden mehr auf dem Bau machen mußte. Gearbeitet hat er dann allerdings nach »Feierabend« immer noch, aber eben nicht mehr auf irgendeiner Baustelle, sondern zu Hause auf seinem Acker – drei Morgen Land, und Wiesen dazugepachtet, daß es gerade reichte für eine Kuh, drei Schweine, ein Dutzend Hühner, für Papa, Mama, Tante und zehn Kinder. Ganz richtig klönen konnte man mit Papa erst, als er schon Opa war. Da war Mama aber schon tot. Schade, daß sie das nicht mehr erlebt hat. Sie hätte ein gutes Wort von Papa manchmal gut gebrauchen können, wo sie doch immer so ängstlich und unsicher war. Als der Dorfpolizist einmal mit seinem Kriegerhelm auf den Hof gefahren kam, da hat sie vor Angst doch glatt ihr Geburtsdatum vergessen, das da in irgendeine Liste eingetragen werden sollte. Aber Tante Lene ist schnell eingesprungen, so daß der Polizist gar nicht gemerkt hat, daß Mama ihr Geburtsdatum nicht angeben konnte. Dafür war sie Tante Lene sehr dankbar. Was hätte der Polizist sonst denken sollen von ihr, wenn sie nicht einmal wußte, wann sie geboren war. An diesem Tag hat sich Mama mit Tante Lene gut vertragen.

– Nein, Mama konnte ich nicht fragen, warum Papa die ganze Nacht mit dem Brotmesser im Kuhstall hockte, und ihn selbst erst recht nicht. Aber meinen großen Bruder drüben in der andern Ecke, den konnte ich fragen. Er war allerdings kaum wachzukriegen, und wenn man ihn rüttelte und schüttelte, bestand die Gefahr, daß er um sich schlug, bevor er richtig wach war. Ich knipste das Licht an, stellte mich vorsichtshalber ans Fußende außer Reichweite seiner Arme, faßte unters Bett und krabbelte an seinen Fußsohlen. Das wirkte erstaunlich. Er fuhr hoch wie von einem Ameisenhaufen, schlug um sich, bevor er mich am Fußende stehen sah. »Was fällt dir ein, du Doofmann?« – »Pst, mach nicht das ganze Haus wach! Du mußt mir was erklären. Papa sitzt die ganze Nacht im Kuhstall und hat das Brotmesser in der Hand. Warum macht er das?« – »Und deshalb weckst du mich, du Knilch! Leg dich hin und schlaf, das verstehst du doch nicht!« – »Ich kann aber nicht schlafen, wenn ich nicht weiß, was los ist, und Mama hat sich gestern abend die Schürze vor die Augen gehalten, als Papa das Brotmesser geschliffen hat. Du mußt mir sagen, was los ist, wenn du's weißt.« – »Natürlich weiß ich das. Paß auf, das ist so. Du weißt doch, daß die Kuh krank ist, ja! Und das ist nun noch schlimmer geworden. Seit Tagen scheißt sie statt Spinat nur noch glasigen Schleim. Es besteht die Gefahr, daß sie krepiert. Wenn sie aber krepiert, dann haben wir einen

Kadaver und kriegen dafür fast nichts. Wenn Papa ihr aber den Hals abschneidet, bevor sie den letzten Atemzug macht oder auch kurz nach dem letzten Atemzug, so daß das Blut noch schön abfließen kann, bevor es dick und schwarz wird, dann können wir die Kuh vielleicht noch als Schlachtvieh verkaufen, wenn's gut geht. Darum sitzt der Papa im Kuhstall und paßt auf, ob sie nun krepiert oder nicht. So! nun weißt du alles und nun schlaf! Und wenn du nicht schlafen kannst, dann laß mich wenigstens in Ruhe. Ich muß um halb sechs wieder raus.«

Als ich am nächsten Morgen den Kuhstall öffnete, um zu pinkeln, lag die Kuh ganz still da und atmete nicht mehr. Das Stroh um sie herum war rot und braun und schwarz. Also hatte Papa gut aufgepaßt und ihr rechtzeitig den Hals durchgeschnitten. Es kamen dann Männer mit Gummistiefeln. Die befestigten lange Stricke an den Hinterbeinen. Dann wurde sie mit einer Winde auf den Anhänger gezogen. Unsere Kuh kam mir auf einmal sehr lang vor und sehr dünn. Und das Euter, das abends vor dem Melken oft so prall gefüllt war, daß die Milch von selbst aus den Titten tropfte, schlabberte jetzt schlaff zwischen den Beinen herum. Mama hielt wieder die Schürze vors Gesicht und ging weg. – Hatte Papa doch nicht rechtzeitig den Hals durchgeschnitten? Oder hatte sie die Kuh gern, wie ich das weiße Kaninchen, das zu Weihnachten geschlachtet worden war und von dem auch ich ein Stück essen sollte und nicht essen konnte? Mama hat dann zuletzt das Stück von meinem Teller auf Papas Teller rübergeschoben. Der nahm es mit einem einzigen Happs in den Mund, kaute nur kurz und schluckte es runter. – Aber daß Mama die olle Kuh so gern leiden mochte wie ich mein weißes Kaninchen, das war doch wohl nicht möglich. –

Das blutige Brotmesser lag abends noch im Spülstein auf der Deele. An den folgenden Tagen schnitt Mama das Brot mit einem anderen Messer.

Muttmutt am Krummholz

Dreimal im Winter wurde das Krummholz aus dem Keller geholt und sauber gemacht. Richtig kalt mußte es dann draußen sein. Es war nämlich wichtig für Schinken und Dauerwurst, daß das Schwein nach dem Schlachten schön schnell kalt wurde.

Der Lokus war bei uns im Gang zwischen den beiden Schweineställen. Und wenn ich auf dem Lokus saß – und da saß ich oft lange – konnte ich über die niedrige Zwischenmauer hinweg die Schweine begucken. Die kleinen Ferkel links im Stall interessierten mich wenig. Sie bissen sich gegenseitig in die Ohren und quiekten andauernd. Zu den großen Schweinen im rechten Stall dagegen fühlte ich mich direkt hingezogen, besonders wenn es Winter wurde und es überall im Hause kalt war. Die einzige Feuerstelle, der Herd in der Küche, gab nicht viel Wärme her. Im Schweinestall aber, wo die dicken, runden, fetten Schweine im Stroh lagen und pusteten und schnauften, da war es immer richtig mollig. Darum saß ich immer so lange auf dem Lokus und schaute zu den Schweinen rüber, die meist eng beieinander in der Ecke lagen.

Mama mußte oft beim Bauern arbeiten. Aber auch wenn sie zu Hause war, hatte sie keine Zeit für mich. Ich war schon groß genug, selber mit mir fertig zu werden. Mama hatte den kleinen Peter zu füttern. Und dann waren da ja auch noch die acht anderen Brüder und Schwestern, die was zum Essen und Anziehen brauchten. Mama mußte Wäsche waschen, Essen kochen, Schweine füttern, Kuh melken, Land umgraben, Salat und Spinat säen, Erbsen und Bohnen pflanzen, Heu machen, Kartoffeln auskratzen, Roggen binden, Pflaumen pflücken, Birnen einkochen, Rüben ziehen, Unkraut pflücken und immer wieder Unkraut pflücken und vieles vieles mehr. Das Unkrautpflücken schien ihre Hauptaufgabe zu sein. Tagelang kroch sie auf den Knien über die Felder durch endlose Runkeln- und Kartoffelnreihen und rupfte und zupfte und zupfte und rupfte. Läusemelde und Disteln und Franzosenkraut und wie das böse Zeugs sonst noch hieß. Mama war eine gute Mama. Sie hatte nur keine Zeit. Sie mußte zehn Kinder satt kriegen. Und das schaffte sie auch. Graubrot und Rübenkraut konnte jeder essen, soviel er wollte. Auch Milch gab es genug. Aber dafür mußte sie tagelang und wochenlang auf den Knien über die Felder kriechen und Unkraut pflücken. Und wenn sie mit unseren eigenen Feldern fertig war, dann mußte sie über die endlosen Äcker des Bauern krabbeln, der uns dafür manchmal eins von seinen Pferden lieh, wenn Papa das Land umpflügen, das Heu einfahren oder den Roggen zur Dreschmaschine bringen mußte. Aber um für wenige Stunden ein Pferd zu bekommen, mußten wir unsere Mama dem Bauern viele viele Tage ausleihen. So ein Pferd war ja viel stärker als Mama. Und es brauchte auch viel mehr Futter als Mama. – Und wenn sie dann genug beim Bauern gearbeitet hatte, dann war auf unseren eigenen Feldern das Unkraut wieder groß, und sie mußte weiter rupfen und zupfen von morgens bis abends. Ihre Hände waren ganz hart. Das mußte auch so sein, damit sie die stacheligen Disteln ausrupfen konnte, die hartnäckig immer wieder nachwuchsen. Einmal bin ich ihr auf dem Feld von hinten auf den Rücken geklettert, um Hoppehoppe-Reiter zu spielen. Sie schüttelte mich ab. Ich fiel in die Disteln und ging dann nach Hause. – Es dauerte verdammt lange, all die Stacheln wieder herauszuknibbeln. Am schlimmsten piekten just die, die man gar nicht sehen konnte.

Vom Lokus aus konnte man auch zum Kuhstall rübergucken. Aber die Kuh mochte ich nicht leiden. Nur wenn ein Kälbchen in der Kiste lag, dann fand ich den Kuhstall interessant. Aber das war immer nur ein paar Wochen im Jahr. Das Kälbchen tat mir leid. Es war immer eingesperrt in einem Verschlag in der Ecke des Stalles. Es war zwar mit im Kuhstall, kam aber nicht an die Mutterkuh heran, um am Euter zu saugen oder sich das Fell lecken zu lassen. Die Milch wurde ihm in einem Eimer in den Verschlag gestellt. Und wenn es so nicht saufen wollte – und das war am Anfang immer so – dann drückte man ihm einfach den Kopf in den Eimer. So lernte es das Saufen aus dem Eimer, obwohl es eigentlich nur nach Luft schnappen wollte. Die Muhkuh drehte dann wohl den Kopf nach hinten. Aber die Kette war stabil. Durch die Spalten des Verschlages konnte das Kalb die Muhkuh sehen, blieb aber immer ein paar Meter entfernt in der Ecke eingesperrt, bis nach ein paar Wochen der Mann mit den Ledergamaschen kam und das Kälbchen an der Muhkuh vorbei auf einen Viehwagen zerrte. Die Kuh riß dann mit einem starken Ruck an der Kette und glotzte hinterher.

Mir ging es besser als dem Kälbchen hinter dem Bretterverschlag. Ich war nicht eingesperrt. Ich konnte zum Schweinestall gehen und konnte den Muttmutts über die Mauer hinweg mit dem Reiserbesen den Rücken kratzen. Mit dem langen Besen konnte ich das sogar vom Lokus aus, weil die Schweine meist in der Ecke direkt hinter der Mauer lagen.

Wenn ich auf dem Lokus fertig war, stand ich oft noch lange an der Mauer und sah den unheimlich gemütlichen Schweinen im Stroh zu. Ich hätte mich gerne mitten zwischen sie gelegt. Aber ich fürchtete, daß sie dann wild werden könnten. Über die Mauer kletterte ich aber doch manchmal. Dann scheuerte ich ihnen zuerst den Rücken. Dabei grunzten sie sehr friedlich. Ich durfte also in ihrem Stall bleiben. Dann ließ ich meine Hände ganz allmählich an den Seiten heruntergleiten bis unter den Bauch. Die Schweine hatten nichts dagegen. Im Gegenteil, sie legten sich ganz wohlig auf die Seite, daß ich die vielen Titten richtig zählen konnte. Sie grunzten behaglich dabei und hielten schön still. – Wenn ich dann wieder am Futtertrog über die Mauer zurück kletterte, stießen sie komische kurze Laute aus. Sie hoben den Kopf ganz hoch und hielten ihn ein bißchen schräg, sodaß sie an den herumschlackernden Ohren vorbei mir nachsehen konnten.

Dreimal in jedem Winter kam der Schlächter. Schon am Abend vorher wurde Feuer angemacht unter dem großen Waschbottich, damit das Wasser ja rechtzeitig kochte, wenn der Mann mit den Gummistiefeln am nächsten Morgen kam. Diesen Mann durfte man nicht warten lassen. Er konnte es offensichtlich kaum abwarten, sich auf das Schwein zu stürzen. Er ging nach einem kurzen »Moijen« sofort in den Schweinestall. Und wenn noch eine kurze Beratung nötig war, welches Schwein denn nun zuerst dran glauben sollte, dann wetzte er nebenbei schon die Messer, die in seinem Köcher steckten.

Die Entscheidung, welches Schwein zuerst geschlachtet werden sollte und welches noch ein paar Wochen oder Monate länger leben durfte, war wohl nicht leicht. Unser Nachbar ließ immer zuerst das dickste und fetteste Schwein schlachten. Er meinte, das dicke habe den anderen etwas zurückgebliebenen immer das Futter vor der Nase weggeschnappt und die zurückgebliebenen würden bald auch groß und fett, wenn das dicke erst weg wäre. Mein Papa war da ganz anderer Ansicht. Er ließ als erstes das Schwein schlachten, das am meisten zurückgeblieben war. »Dao sitt kenn Muck inne«, sagte er dann. Er glaubte nicht daran, daß Zurückgebliebene sich besser entfalten würden, wenn ihnen alles kampflos zufiel. »Wecker nich biteiten lährt häff, ümme sick to beiten, dao wätt siliawe nix mä von.« Das sagte Papa meistens bei dieser Gelegenheit. Die Schweine bekamen nie soviel Futter, daß sie ganz richtig satt waren. Sie mußten immer ein bißchen Schmacht behalten, damit Futterneid und Freßlust nie aufhörten. Nur so konnte man sie richtig groß und dick und fett kriegen. – Ich war meinem Papa immer sehr dankbar, wenn er das dickste Schwein am längsten leben ließ.

Am Schlachttag hielt Tante Lene die kleinsten Blagen immer in der Wohnküche zurück, wenigstens so lange, bis das Blut abgelassen war und das Schwein aufgehört hatte zu zappeln. Diesmal durfte ich von Anfang an dabei sein. Es war das letzte Schwein in diesem Winter, also das dickste, mein Liebling Muttmutt, dem ich sehr oft den Rücken gekratzt und den warmen Bauch gestreichelt und die Titten gezählt hatte, wenn es sonst überall im Hause kalt war.

Die Geräte, die Kleinerüschkamps Willem, der Mann mit den Gummistiefeln, mitbrachte, waren beängstigend. Zuerst ins Auge fallend eine riesige Holzschlage, der Stiel etwa so lang wie eine große Baumfälleraxt, und daran befestigt ein mächtiger Eichenknubben. Damit konnte man wohl einen Bullen erschlagen. Das zweitwichtigste Instrument war eine Eisenstange, an der unten in einer Öse ein spitzer Eisenpinn wie ein übergroßer Nagel steckte. Diese Stange mußte einer dem Schwein so vor den Kopf halten, daß die Öse mit dem spitzen Pinn genau auf der Stirn lag. Dann schlug ein zweiter mit der Holzschlage auf den Pinn und trieb ihn in die Stirn. Das übrige war dann eine Sache der Messer, von denen Willem stets eine ganze Sammlung mit sich führte.

Es war noch nicht richtig hell, als Willem seine schrecklichen Instrumente klirrend vor der Haustür abstellte. Er schritt sofort in den Schweinestall, und da keine Auswahl mehr zu erörtern war, ging er gleich ans Werk. Er befestigte zunächst einen Strick an den Hinterfüßen meiner Muttmutt, damit man ihr die Beine unter dem Leib wegreißen konnte, wenn sie versuchen sollte wegzulaufen. Diesen Strick mußte Papa festhalten, und ich wußte, daß ihm auch das stärkste Schwein nicht entrinnen konnte. Dann wurde Muttmutt mit anhaltendem Schieben und aufmunterndem Schinkenklopfen und unter gutem Zureden auf den gepflasterten Hof vor der Haustür gebracht. Als sie nach einem Jahr das erste Mal den freien Himmel erblickte, schien sie nichts Gutes zu ahnen und versuchte sich im Rückwärtsgang wieder ins Haus zurückzuschieben. Aber Papa packte Muttmutt am Schwanz und zerrte sie mit aller Gewalt unter den blauen Himmel, von dem Muttmutt aber wohl nicht viel zu sehen bekam, wegen der Schlappohren und weil der Gehilfe ihr hier gleich den Eisenpinn vor den Kopf hielt und Willem mit der mächtigen Holzschlage weit ausholte und sofort gewaltig zuschlug. Aber es geschah etwas Unerwartetes. Mein Liebling mußte wohl im letzten Augenblick den Kopf ein wenig schräg gehalten haben, um neben den herunterhängenden Ohren wenigstens ein Stückchen des blauen Himmels zu beäugen. Jedenfalls traf der Eisenpinn nicht so, wie er treffen sollte, und Muttmutt fiel nicht um, wie sie sollte, schrie fürchterlich auf und rannte plötzlich los. Papa wurde zu Boden gerissen mit dem Strick, an dem er das Schwein festhalten sollte. Blut spritzte ihm ins Gesicht. Aber er ließ nicht los. Sofort war er wieder auf den Beinen und riß meiner Muttmutt die Hinterfüße unter dem Leib weg. Mein Liebling versuchte dann noch, nur auf die Vorderbeine gestützt, das Hinterteil nachschleifend, von dem gefährlichen Hofpflaster herunterzukommen. Aber Papa hatte inzwischen den Strick um den dicken Pfundbirnenbaum geschlungen. Da gab es kein Entrinnen mehr für Muttmutt. Der Gehilfe versuchte immer wieder, die Eisenstange mit dem spitzen Pinn in die richtige Stellung zu bringen. Aber Muttmutt schüttelte jedesmal derart wild den Kopf, daß sie auf diese Weise nicht totzukriegen war. Da wurde auch der Mann mit den Gummistiefeln ganz wild und schlug mit dem mächtigen Eichenknubben mit aller Wucht meiner Muttmutt auf den Kopf, bis sie zur Seite fiel. Dann warf er sich auf sie und stach ihr ein langes Messer in den Hals und rief: »Den Eimer her, schnell den Eimer her!« Dann schoß das Blut in einem dicken Strahl in den Eimer. Muttmutt strampelte zuerst noch sehr stark, aber je höher das Blut im Eimer stieg, desto mehr ließ das wilde Zappeln und Zucken nach, bis es zuletzt nur noch ein leichtes Zittern war. Und dann lag meine dicke Muttmutt schließlich ganz ruhig da.

Aber Muttmutt lag nicht so friedlich da, wie mein toter Bruder Hermann zwischen Blumen und Tannengrün gelegen hatte, denn ihr Gesicht war völlig zerdätscht, die Ohren hingen zerfetzt herunter, die Schnüffelscheibe war voller Blut, und ein Auge war herausgequollen. Sie zeigte die Zähne. Ich wünschte sehr, daß es Muttmutt gelungen wäre, dem Schlächter wenigstens einen Finger abzubeißen und Papa wenigstens ein paar Meter über den Boden zu schleifen. Aber sie regte sich nicht mehr. Sie hatte keinen Saft mehr.

Mama rührte emsig das Blut im Eimer mit einem Birkenzweig. Schwarze Klumpen, die sich unten im Eimer und am Birkenzweig festsetzten, mußten sofort weggeschleudert werden. Sonst war das ganze Blut hinterher nicht zu gebrauchen. Und daraus konnte man doch so feine Sachen machen wie Blutwurst und Möppkenbrot und nicht zu vergessen, den leckeren Bluteintopf mit gebackenen Pflaumen.

Mama hielt sich den Bluteimer möglichst weit vom Leibe, rührte mit weit ausgestrecktem Arm, wandte das Gesicht halb ab und sah nur aus den Augenwinkeln zum Eimer hin, als ob Feuerspritzer aus dem Blutwirbel sie anspringen könnten. – Papa wischte sich das Blut aus dem Gesicht und sagte: »Sone Schweinarigge!«

Nachdem das Blut abgezapft war, wurde Muttmutt in die Waschküche geschleift. Willem überbrühte sie Stück für Stück mit kochendem Wasser, mehrmals hintereinander. Dann wurden die Borsten mit einem Schräpper abgekratzt. Die Waschküche war voller Wasserdampf, besonders oben. Richtig sehen konnte man nur, was am Boden geschah. Beine und Hände hingen aus der Dampfwolke heraus. Der Schlächter setzte seinen Fuß auf Muttmutt und kratzte und schrappte wie wild. Willem war ein flotter Schlächter, sagten die Leute. Muttmutt am Boden wurde immer weißer und nackter und menschenähnlicher. Aber das sah wohl niemand von den Großen. Ihre Köpfe steckten im dichten Wasserdampf, der sich unter der niedrigen Decke sammelte. Auch mich sahen sie wohl nicht, wie ich an der Tür stand und immer nur auf meine Muttmutt starrte.

Als ich später hörte, daß der Schlächter sich selbst umgebracht hatte, da fand ich das ganz in Ordnung. Das paßte zu ihm. Schlächter würde ich niemals werden. Ich wollte Papst werden. Daß das nicht so leicht sein würde, Papst zu werden, war mir wohl klar. Aber aus der Bibel und aus den Heiligenlegenden hatte ich so viele wunderbare Dinge gehört, daß mir die Verwirklichung meines Berufswunsches durchaus möglich schien. Ich hatte auch schon ganz klar einige Sätze vor Augen aus einem dicken Buch, in dem ein gelehrter Mönch nach meinem Tode mein Leben beschrieben hatte. Ein Kernsatz hieß: »Sein Vater war ein einfacher Maurer aus dem Münsterland, der an Sonn- und Feiertagen regelmäßig fünf Messen beiwohnte, auch wenn er am Vortag so viel Schnaps getrunken hatte, daß die Kinder sich auf dem Heuboden versteckt halten mußten, wenn er nach Hause kam.« Und wenn es mit der Papstlaufbahn nicht klappen sollte, dann konnte ich ja immer noch Bischof von Münster werden. Jedenfalls wollte ich nicht immer in so einem kalten Haus wohnen und wollte auch nicht so ein Schlächter werden wie Willem, der beim Borstenschrappen und Klauenausreißen immer wieder mit seinen großen schwarzen Stiefeln auf meine nackte Muttmutt trat.

Als Muttmutt am Krummholz aufgehängt wurde und Willem ihr mit einem langen Messer den Bauch aufschnitt, bin ich weggegangen. Auf den Lokus. Hinter der Mauer war noch eine Kuhle im Stroh zu sehen, wo Muttmutt immer gelegen hatte.

Das Kuhhüten und der Kuhmelkergriff

Klapshiarm hieß der Mann, der das ganze Jahr über in der Nachbarschaft friedlich auf einem Bauernhof arbeitete, der an bestimmten Tagen im Frühling und Herbst aber wie besessen auf den Feldwegen umherrannte, unter hohen Bäumen stehenblieb, in die Baumkronen hinaufsah, mit der Faust hinaufdrohte und entsetzlich schimpfte, wobei ein Satz immer wiederkehrte: »Ji sött et na to säihen kreigen, wat ik met ju make, Kläinholt make ik out ju.« Dann rannte er weiter zum nächsten großen Baum. Dabei trug er meist eine Axt über der Schulter. Wir liefen manchmal hinter ihm her und riefen: »Klapshiarm – Rägenschiarm, Klapshiarm – Rägenschiarm.« Dann schimpfte er noch lauter und drohte mit der Faust, und wir liefen weg. Klapshiarm galt allgemein als harmlos. –

An diesem Tage trug er statt der Axt eine Spitzhacke über der Schulter. Er stand am Dalkebach unter einer großen Birke und stieß wie gewöhnlich seine Drohung aus: »Ji sött et na to säihen kreigen, wat ik met ju make, Kläinholt make ik out ju.« Wir liefen hin und riefen wie gewöhnlich: »Klapshiarm – Rägenschiarm!« Er schimpfte noch lauter und drohte mit der Faust zu uns herüber, während er mit der anderen Hand die Spitzhacke festhielt, und er rief, indem er mit den gelben Zähnen fletschte: »Kläinholt mak ik out ju.« Auch das war noch ganz gewöhnlich. Wir liefen weg wie gewöhnlich. Aber dann geschah etwas Ungewöhnliches: Er rannte hinter uns her und fletschte die Zähne. Wir liefen in verschiedenen Richtungen weg. Nachbars Elfriede und ich rannten auf die Schreinerei zu. Als ich mich im Laufen umblickte, sah ich, daß er ausgerechnet hinter uns beiden herrannte. Er war schon ganz nahe. Deutlich hatte ich seine Zähne gesehen, wie bei einem Pferd, das böse wird und die Lippen hochzieht. Wir rannten, was wir konnten. Da sauste direkt hinter mir die Spitzhacke in den Boden. Er hatte so heftig zugeschlagen, daß er die Hacke nur mit erheblicher Mühe wieder aus dem Boden herauskriegte. Dadurch bekamen wir einen Vorsprung. Wir erreichten den Verladeplatz der Schreinerei und verkrochen uns in einer großen Kiste, drückten uns beide in eine Ecke und warteten, warteten. Elfriede schob sich ganz nahe an mich ran. – Nach einer Weile hörten wir ein lautes Lachen. So konnte nur Klapshiarm lachen, wenn er mal ausnahmsweise nicht schimpfte. Ich lugte durch eine Spalte. Da stand er am Weidezaun und striegelte ein Rind. Sollte alles nur ein Spaß gewesen sein? Wir blieben noch lange in der Kiste sitzen.

Am nächsten Tag kam Elfriede, mit der ich rein zufällig zusammen in die Kiste geraten war, vorbei und fragte, ob ich nicht mitgehen wolle zum Kuhhüten. Sie hätte auch zwei Stück Kuchen mit. Da wollte ich sofort, denn Kuchen war bei uns etwas ganz Seltenes. Die Weide lag hinter dem Birkenweg. Die Kuh graste friedlich vor sich hin, wir brauchten nicht scharf aufzupassen. Elfriede breitete eine Pferdedecke aus. Wir setzten uns darauf und aßen zuerst einmal den Kuchen. Dann sagte sie: »Eigentlich war es gestern in der Kiste ganz schön. – So im Halbdunkel, das fand ich richtig schön.« – »Spannend war das«, sagte ich. – »Wenn wir wollen«, sagte sie, »können wir es hier auch halbdunkel machen. Wir brauchen nur unter die Decke zu kriechen. Komm, das machen wir.« Und schon kroch sie unter die graue Pferdedecke, ich natürlich auch. Es war eine große Decke, und wir konnten beide ganz darunter verschwinden. »Komm näher ran«, sagte Elfriede, »damit von den Seiten kein Licht reinkommt.« Dann lagen wir eine ganze Weile eng nebeneinander, und keiner sagte ein Wort. Es roch nach Pferd und Schweiß. Durch winzige Löcher in der Decke sah ich die Sonne funkeln. Unter der Decke aber war Dämmerung, Halbdunkel. Elfriede drehte sich auf die Seite, mit dem Gesicht zu mir hin. Dann lag sie wieder still. Ich fand das schon fast langweilig. Aber irgend etwas lag in der Luft, und so blieb auch ich still liegen. Die Pferdedecke roch gut. Auf einmal wurde die Decke weggerissen. Helmut, Elfriedes großer Bruder, stand groß in der Sonne und sagte: »Was macht ihr da unter der Decke?« – »Was sollen wir schon machen«, murmelte ich. »Zur Strafe kommst du mit zum Grünholen«, sagte Helmut, knüllte die Decke zusammen und warf sie weit weg. Ich gehorchte sofort, denn Helmut saß in der Schule schon in der großen Bank ganz hinten, und ich saß in der kleinsten direkt vor dem Pult. Helmut war schon fast so groß wie der Lehrer.

Wir fuhren mit dem Bollerwagen über die Dalkebachbrücke in die Wäßelwiese hinein. Hier bildete die Dalke mit den Büschen am Ufer einen Halbkreis. Nur nach Norden hin war die Wiese offen. Aber da waren keine Häuser, nur Wiesen und Felder. Als Helmut den Bollerwagen halb voll geladen hatte, setzte er sich ins Gras und sagte: »Wir machen erst mal Pause. Komm setz dich zu mir!« Dann fing er an zu kalbern und sagte: »Komm wir machen einen Ringkampf. Ich darf dabei die Hände nicht gebrauchen, weil ich ja viel größer bin als du. Aber du darfst mich überall anfassen.« – Er ließ sich leicht unterkriegen. Ich lag auf seinem Bauch. Dann warf er sich plötzlich herum, so daß ich unten lag und er auf mir. Ich versuchte wieder hochzukommen. Aber er hielt mich mit den langen Beinen fest umklammert. Ich kam nicht los aus dieser Greifzange, so sehr ich auch strampelte und zappelte. Ich gab auf und sagte: »Du hast gewonnen.« – »Das ist feige«, rief er. »Weitermachen!« Ich versuchte nochmal loszukommen. Aber er nahm mich mit seinen Beinen nur noch fester in die Zange. Ich hielt erschöpft still. Da sagte er: »Soll ich dir einen Kunstgriff zeigen, mit dem du größere Jungens leicht unterkriegen kannst? Du darfst das aber keinem anderen verraten. Versprichst du das?« – »Großes Ehrenwort«, sagte ich. »Es ist der Kuhmelkergriff«, flüsterte er geheimnisvoll. – Auf Knie und Ellenbogen gestützt, hockte er über mir wie ein riesiger Maikäfer. Er zeigte mir den Griff und drückte mir den Hals zu, bis ich es richtig machte. Er bekam ein Gesicht, wie die Frau im Fichtenkotten, als sie im Sterben lag und die

Nachbarn um das Bett herumstanden und den schmerzhaften Rosenkranz beteten. Dann fiel er zur Seite ins Gras und blieb eine ganze Weile am Boden liegen. Ich bekam große Angst, daß ich ihn mit dem Zaubergriff totgemacht hatte. Aber dann stand er doch wieder auf. Und er hatte kein Sterbegesicht mehr. Er packte den Bollerwagen voll Gras, ohne ein Wort zu sagen, harkte die liegengebliebenen Reste zusammen, ohne mich anzusehen. Dann zog er mit dem Bollerwagen los, als ob ich gar nicht da wäre. Ich ging hinterher und schob ein bißchen. Wir bollerten über die holprige Dalkebachbrücke und verließen den Wiesenhalbkreis.

Als wir am Gartenzaun angekommen waren, blickte Helmut sich nach mir um und sagte: »Das da eben in der Wäßelwiese soll unser Geheimnis bleiben. Du darfst keinem etwas verraten. Wenn dein Papa erfährt, was du mit mir gemacht hast, schlägt er dich tot. Der Kuhmelkergriff ist nämlich eine Todsünde, hat der Pastor gesagt. Und der Lehrer auch.«

Beim Abladen im Schuppen sagte er noch: »Du kannst eine junge Elster von mir haben. Davorn in den Fichten, die sind bald flügge.« Und ganz beiläufig fragte er: »Kommst du morgen wieder mit zum Grünholen«? – »Ich weiß nicht«, sagte ich und ging weg.

Ziemlich ratlos schlug ich den Heimweg ein, bog dann aber zum Dalkebach ab, weil ich Papa nicht über den Weg laufen wollte. Ich setzte mich auf das Waschbrett und ließ die Füße im kalten Wasser baumeln. Von Zeit zu Zeit bohrte ich mit dem großen Onkel ein Loch in den Sandboden und staunte, wie schnell und wie spurlos das Loch verschwand, wenn ich den großen Onkel herauszog. – Als der Sonnenball tief unten auf der Teuto-Schlange klebte, war der Himmel auf einmal schwarz von Krähen. Sie kreisten über mir und schrien. Ich ging schnell nach Hause, obwohl ich eigentlich keine Angst vor Vögeln hatte, auch wenn sie groß und schwarz waren.

Eene meene minkmank

Scharfe, spitze und pieksende Dinger waren beim Onkel-Dokter-Spiel die wichtigsten Heilmittel gegen alle möglichen Krankheiten. Sehr beliebt war die Impfung mit Hahnenfuß-Samenkronen, von denen es in den Wiesen genug gab. Diese Samenkronen wurden sehr hart, wenn sie reif waren, und wenn man sie fest auf den Oberarm oder auf den Oberschenkel drückte, hinterließen sie für einige Zeit Spuren, die echten Impfnarben ganz ähnlich sahen. – Außerdem benutzte jeder Doktor Spritzen. Das waren ziemlich spitze Holzstöckchen, die dem Patienten aufrecht zwischen Körper und Kleidung geklemmt wurden und längere Zeit so sitzen bleiben mußten. Das konnte schon sehr weh tun, und nicht selten floß Blut dabei. Dann gab es natürlich auch Operationen. Meistens mußte der Bauch aufgeschnitten werden. Das war das interessanteste Operationsgebiet. Als Operationsmesser nahm der Doktor manchmal nur den Fingernagel, manchmal aber auch ein richtiges Taschenmesser. Und die Kunst des Doktors bestand darin, daß man eine richtige Spur des Schnittes sehen konnte, ohne daß dabei etwas so Schlimmes passiert wäre, daß die Eltern alarmiert wurden. Wichtig war auch, daß das Krankenzimmer immer schön abgedunkelt war. Die Behandlung fand also entweder im dichten Tannenwald statt oder auf Nachbars Lakenwagen oder auf dem Heuboden. An diesem Tage hatten wir einen noch besseren Platz gefunden, nämlich den Strohboden, der direkt unter der Dachspitze lag. Es wurde abgezählt:

»Eene meene minkmank
wecker mäcket Stinkstank,
den maak ik nich,
den mäck's du.«

Ich war der Onkel Dokter. Beim Onkel-Dokter-Spiel machten meistens auch die Größeren mit, während sie sonst mit den Kleineren nicht viel zu tun haben wollten. Helmut stand zuerst ein wenig abseits. Als er sah, daß ich zum Dokter ausgezählt war, sagte er auf einmal: »Ich mache auch mit.« Der Strohboden war ideal als Krankenhaus. Wir konnten Zwischenwände aus Strohballen errichten, so daß jeder Kranke ein Zimmer für sich bekam. Es war ziemlich dunkel da oben. Nur durch ein ganz kleines Fenster in der Giebelwand kam ein bißchen Licht herein. Helmut sagte: »Es ist noch zu hell. Das ist nicht gut für die Augen, wenn einer Masern hat.« – Er nahm einen Strohbund und stellte ihn vor das Fenster. Jetzt kam nur noch durch die Ritzen zwischen den Dachpfannen ein bißchen Licht herein. Die Kranken wählten sich ein Zimmer aus und legten sich hin. Helmut suchte sich auf dem dunklen Boden die dunkelste Ecke als Krankenzimmer aus. Ich verordnete allen strenge Bettruhe und überlegte dann, bei welchem Patienten ich zuerst mit der Behandlung beginnen sollte, und was ich mit den Kranken alles anfangen könnte. Als Dokter durfte ich einfach alles machen, auch das, was der Herr Pastor und der liebe Gott sonst verboten hatten. Der Dokter durfte ja sogar den großen Frauen unters Hemd fassen. Daran konnte auch der Pastor nichts ändern. An diesem Tage war ich der Dokter. Mit übereinander geschlagenen Armen schritt ich erst mal im Flur vor den Krankenzimmern auf und ab. Es knisterte in den Ecken. Ich hatte alles zu sagen, und alle mußten mir gehorchen, auch die Großen. Auch Helmut, der mir in der Wäßelwiese den Hals zugedrückt hatte, bis ich ihn richtig begriff. Ihn nahm ich mir zuerst vor. Ich machte die Gertrud, die schon etwas größer war, zur Krankenschwester und ging mit ihr in Helmuts Krankenzimmer. »Wo tut's weh?« – »Im Bauch!« – Das war komisch. Fast jeder Patient hatte Bauchschmerzen. Das war immer so. Fast alle wollten, daß der Bauch untersucht und behandelt wurde. Das war die interessanteste Krankheit. Alle waren gespannt, was für eine Behandlung der Dokter sich ausdenken werde. Helmut lag in einer dunklen Ecke auf dem Stroh. Aber durch die Dachpfannen-Ritzen kam immerhin so viel Licht, daß ich sehen konnte, wie erwartungsvoll er mich anschaute. »Buxen ausziehen«, befahl ich. Er zögerte. »Dann muß die Schwester aber erst raus gehen,« sagte er. – »Eine Krankenschwester ist sowas wie ein Dokter«, sagte ich. »Sie kann hierbleiben. – Los, mach schon!« Er gehorchte zögernd und zog sehr umständlich seine Hosen aus. Da er der Krankenschwester weder sein Vorder- noch sein Hinterteil zuwenden wollte, drehte er sich zur Seite. Er beugte sich ein wenig vor und stand da wie der Jesus auf den

Geißelungsbildern. Er machte eine klägliche Figur vor der Krankenschwester. Ich hatte meinen Spaß daran, den großen Helmut, der in der Schule in der hintersten Bank saß und der schon fast so groß war wie der Lehrer, so in Verlegenheit zu bringen. Aber ich war noch nicht zufrieden mit meiner Rache. »Dolle Kuh-Stellung einnehmen«, befahl ich ihm. Mit einem schrägen Blick zur Krankenschwester ging er zu Boden und hockte da auf allen Vieren wie in der Wäßelwiese. »Eine schöne Kuh«, kicherte die Krankenschwester und fing an zu singen:

»Stripp strapp strull
mak den Ämmer vull
usse Kouh is dull
stripp strapp strull.«

Helmut zog sich zusammen wie ein Igel beim Herannahen eines Hundes und kauerte am Boden. Ich nahm einen gut angespitzten Pfeil aus meinem Köcher und gab ihm eine Spritze in die rechte Hinterbacke. Helmut fuhr hoch und schrie auf vor Schmerz. Ich hatte kräftig reingedrückt. Es blutete. Helmut drückte seine Hand auf die Wunde. »Hände weg,« befahl ich, »dolle Kuh hat keine Hände.« Die Krankenschwester kicherte und leierte:

»Dolle Kuh
macht Muhmuh
bekleckert alle Wände
und hat doch keine Hände.«

Dann nahm sie den ersten Singsang wieder auf:

»Stripp strapp strull
mak den Ämmer vull...«

Helmut kauerte wieder wie ein Igel am Boden. »Laut bis Tausend zählen!« ordnete ich an. »Wenn du bei Tausend bist, kommen wir wieder, und du bekommst die nächste Spritze in die linke Backe.« Zuerst hockte er verstockt schweigend am Boden. Auf mein ermunterndes »Na, wirds bald«, begann er aber gehorsam zu zählen. Ich konnte mich in der Zwischenzeit den anderen Patienten zuwenden. Die kleinen Blagen interessierten mich an diesem Tage nur wenig als Patienten. Ich untersuchte sie kurz, fummelte ihnen auf dem Bauch herum und verordnete folgendes Heilmittel: Jeder Patient sollte eine Stachelbeere, drei Erdbeeren und sieben Johannisbeeren unzerkaut schlucken und dann ein rohes Kiebitzei mit Schale essen. Die Kiebitzeier mußten aus Piepenkrögers Wiesen geholt werden. Anschließend sollten sich alle auf das Waschbrett an der Dalke setzen und die Füße ins Wasser halten. – Das war mein Rezept gegen die Bauchschmerzen der Kleinen. Die Krankenschwester schickte ich mit runter zur Beaufsichtigung.

Blieb noch die Irmgard übrig, die fast genauso groß war wie Helmut. Sie hatte das Krankenzimmer mit dem Giebelfenster gewählt. Dort war es verhältnismäßig hell, obwohl Helmut einen Strohbund vor das Fenster gestellt hatte. Ich stand ziemlich unschlüssig vor ihrem Zimmer. Was sollte ich mit ihr machen? Irmgard war auch immer sehr ernst. Mit einem Späßchen war da nichts zu machen. Und mit einem Kinderspielchen auch nicht, weil sie schon fast so groß war wie der Helmut, also auch schon fast so groß wie der Lehrer. Unter dem Giebelfenster knisterte das Stroh. Von der anderen Seite des Bodens hörte ich den Helmut zählen. Ich hatte nur noch diese beiden Patienten hier oben. Mit dem Helmut wußte ich was anzufangen. Aber was sollte ich mit dem großen Mädchen machen? Als ich vorsichtig um die Ecke der Strohballenwand guckte, sah ich ihre Beine. Sie trug einen kurzen Rock. Es waren sehr lange Beine. Ich wurde immer ratloser. Was für eine Behandlung würde sie erwarten. An dieser Stelle des Bodens war ich sozusagen allein mit ihr.

Auf einmal sagte sie leise: »Guten Tag, Herr Dokter!« Sie hatte mich also entdeckt. Ich trat an sie heran. »Wo tut's weh?« fragte ich ebenso leise und wußte selber nicht, warum ich leise sprach. Bei Helmut hatte ich laut gesprochen. »Ich weiß nicht«, sagte sie leise. – »Bist du denn überhaupt krank?« – »Ich weiß nicht«, sagte sie noch leiser. Einen Augenblick glaubte ich, sie wolle mich auf die Schippe nehmen, da ich ja kleiner war als sie. Aber sie sprach nicht keß oder albern. In ihrer Stimme lag direkt etwas Geheimnisvolles. »Dann müssen wir eben alles untersuchen«, sagte ich, gab aber nicht den Befehl, irgendein Kleidungsstück zu öffnen oder auszuziehen, wie das sonst fast bei jeder Untersuchung der Fall war. Ich kniete an ihrer Seite nieder und fühlte zuerst einmal den Puls. Dazu faßte ich die Hand, die auf ihrem Schoß lag. Beim Pulsschlagzählen kam ich immer wieder durcheinander, weil Helmut von weitem dazwischenzählte. »Das muß ein Herzfehler sein«, sagte ich. »Wir müssen das Herz untersuchen.« Ich schob ihren Arm beiseite, legte meine Hand auf ihre linke Brustseite und tastete vorsichtig umher, um eine Stelle zu finden, wo ich ihr Herz schlagen fühlte. »So geht das nicht«, sagte ich leise. »Du mußt den Pulli ausziehen.« Irmgard reagierte nicht. Sie sagte nichts und tat nichts. Ich schob meine Hand unter den Pulli. Sie sagte nichts und tat nichts. Jetzt war das Hemd im Wege. Ich zog es hoch. Dann lag meine Hand endlich auf ihrer nackten Haut. Irmgard hatte schon richtige Brüste. Als ich die Halbkugel in der Hand hatte, war ich zuerst ziemlich enttäuscht. Darum machten die Weiber so ein Gedönse und so viel Geheimniskrämerei? Ich schob Hemd und Pulli hoch, so daß ich jetzt beide Brüste frei vor mir hatte. Sie schimmerten matt in diesem Dämmerdunkel. Nun ja, sie waren ja wohl ganz hübsch anzuschauen, diese runden Hügel mit den schwarzbraunen Kuppen, aber aufregend waren sie eigentlich nicht. Verlockend fand ich dagegen die sanfte Bucht zwischen den beiden Erhebungen. Diese Senke zog mich magisch an, und ich drückte einfach mein Gesicht hinein und blieb still so liegen. Mir fiel das wunderschöne braune Foto ein, auf dem meine Mama mit ihrem ersten Kind auf dem Schoß zu sehen war. Von den neun weiteren Kindern gab es solch ein Foto auf Mamas Schoß nicht. Ich war das neunte. – Daß ich Irmgards Herzfehler untersuchen wollte und daß ich der Doktor war und kein Baby, das hatte ich hier total vergessen. Ich fühlte mich einfach rundum wohl an ihrer Brust und hätte immer so liegen bleiben mögen. Auf einmal schob Irmgard meinen Kopf weg, machte Hemd und Pulli runter und sagte: »Du untersuchst mich ja gar nicht mehr. Wenn du aber nicht der Dokter bist, dann dürfen wir nicht so zusammenliegen, solange wir nicht verheiratet sind. Sonst ist das Fleischeslust und eine Todsünde, und wir kommen beide in die Hölle.« Damit stand sie auf und ging weg. Ich saß da wie vor den Kopf geschlagen und lauschte ihr nach, wie sie zuerst die Leiter vom Strohboden zum Heuboden runterkletterte und dann die Holztreppe vom Heuboden über die Hille zur Deele runterging. –

Diese verdammte Hölle! Zum ersten Mal hatte ich den Verdacht, daß irgendein mieser Schwarzer sich die Hölle nur als Schreckmittel ausgedacht hatte, weil er den Menschen kein Fitzelchen Glück gönnte. Jedenfalls war es mir ganz unbegreiflich, daß die paar Minuten warmer Zufriedenheit an der Brust von Irmgard vom lieben Gott mit ewiger Höllenqual bestraft werden könnten. Dem Vikar, der mit roten Backen so oft von der Hölle erzählte, traute ich schon lange nicht recht. Aber der Lehrer in der Schule sagte ungefähr dasselbe. Das Dumme war, daß man nicht überprüfen konnte, ob das alles wirklich so war, wie Pastor und Vikar und Lehrer es erzählten. In einem bestimmten Fall allerdings hatte ich die Erfahrung machen müssen, daß der Lehrer recht hatte. Als er einmal im kalten Winter in der Schule sagte, man dürfe bei großer Kälte draußen nicht mit der Zunge über ein Eisengeländer lecken, weil die Zunge sofort festfriere und man dann nicht mehr loskomme vom Geländer, da wollte ich das nicht glauben. Sofort auf dem Heimweg von der Schule beschloß ich, die Sache zu überprüfen, obwohl der Lehrer dringend davor gewarnt hatte. Ich fand es einfach ärgerlich, unglaubliche Behauptungen aufzustellen und dann vor der Überprüfung zu warnen. Umgeben von einigen Mitschülern, die große Stücke von mir hielten, weil ich von allen in meinem Jahrgang am schnellsten laufen konnte und im Ringkampf meistens oben blieb, stellte ich mich auf der Autobahnbrücke ans Geländer, drückte meine Zunge auf das von Rauhreif überzogene Eisen und saß fest. Die Mitschüler schauten zu. Als ich nicht wieder loskam, glaubten sie zuerst an einen Scherz. Erst als ich gurgelnde Laute von mir gab und die Zunge zu bluten begann, erkannten sie den Ernst der Lage. Erwin hatte die rettende Idee. Er lief zum nächsten Hof und holte heißes Wasser. Es dauerte ewig bis er zurückkam. Dann goß er das heiße Wasser rund um meine Zunge herum aufs Geländer. Ich schlug wie wild mit den Armen und brachte verrückte Gurgellaute heraus. Das Wasser war viel zu heiß. Es wurde mit Schnee auf die richtige Temperatur gebracht. Dann goß Erwin wieder. Es dauerte eine ganze Weile, bis ich loskam. Als ich dann – meine Zunge wie einen blutigen Eisklumpen im Munde – nach Hause ging, mußte ich zugeben, daß der Lehrer mit seiner unglaublichen Behauptung recht gehabt hatte. Seitdem war ich eher bereit, dem Lehrer, dem Vikar und dem Pastor zu glauben, wenn sie wunderbare Dinge vom Himmel und unglaubliche Greuelgeschichten von der Hölle erzählten. Aber die paar Minuten Seligkeit an der Brust von Irmgard und dafür ewige Höllenstrafe, das stand in keinem Verhältnis.

Aus der dunklen Bodenecke hörte ich den Helmut zählen. Er war schon über 900 hinaus gekommen. Aber er zählte ziemlich langsam, je näher er an die Tausend und damit an die 2. Spritze herankam. Ich ging zu ihm und nahm schon mal einen spitzen Pfeil aus dem Köcher. Als er immer langsamer zählte, wurde mir die Sache zu langweilig, und ich drückte ihm schon bei 973 die zweite Spritze in die linke Arschbacke. Helmut fuhr wieder hoch und schrie »Aua!« – »Damit bist du geheilt und entlassen«, sagte ich. Helmut drückte eine Hand auf die Spritzstelle und sah mit einem schrägen Blick zu mir rüber. »Dann ist das Dokterspiel zuende«, fragte er lauernd. – »Ja«, sagte ich. – »Dann kommt jetzt der Ringkampf«, sagte er, sprang mich sofort an und warf mich ins Stroh. Er wußte, daß wir allein auf dem Strohboden waren. Er legte mir seine Hände um den Hals und ließ nicht eher locker, bis er das Sterbegesicht bekam, wie in der Wäßelwiese. – Hinterher sagte er: »Daß du aber keinem etwas verrätst! Das ist nämlich eine Todsünde, die mit ewiger Hölle bestraft wird.« Dann stieg er die Leiter runter. Ich war nun ganz allein auf dem Boden. In allen Ecken knisterte es, obwohl doch niemand mehr da war. Diese verdammte Hölle! Der Vikar hatte uns im Beichtunterricht genau beschrieben, wie die Hölle ist. Die Hölle, sagte er, das ist ein riesengroßes Loch mit glühenden Kohlen auf dem Boden. Die Wände an den Seiten sind glatt und steil und unendlich hoch. Niemand kann da hochklettern. Die neu angekommenen Sünder versuchen das zwar immer wieder. Aber es ist ganz vergeblich. Sie können sich an der glatten Wand nicht halten und fallen immer wieder auf die glühenden Kohlen zurück. Dann springen sie eine Zeitlang immer wieder hoch, um wenigstens für einen Augenblick den glühenden Kohlen zu entrinnen. Aber wie lange halten sie das aus! Schon bald liegen sie erschöpft am Boden und schmoren und stöhnen und ächzen und winseln um Gnade. Aber es kommen keine Schutzengelchen wie bei guten Kindern, wenn sie in Not geraten sind. Es kommen schwarze Teufel mit glühenden Stangen. Und je nachdem, ob einer Unkeusches gedacht, gehört, gesehen, gesagt oder getan hat, werden die glühenden Stangen auf Stirn, Ohren, Augen, Mund oder Hände gedrückt. Bei allen aber, die wider das sechste Gebot schwer gesündigt haben – und jede unnötige Berührung der Geschlechtsteile ist bereits schwere Sünde, auch Todsünde genannt – bei all diesen erfolgt noch eine besondere Bestrafung. Die ist so schlimm, daß man sie gar nicht beschreiben kann. Und an der Wand ist eine große Uhr mit einem schwarzen Pendel. Aber die Uhr macht nicht Tick-Tack, Tick-Tack, sondern ›Immer-Nimmer‹ ›Immer-Nimmer‹. Was mag das bedeuten? Ich will es euch sagen. ›Immer-Nimmer‹, das bedeutet: Immer bleibst du hier – nimmer kommst du heraus. –

Der Vikar bekam immer ganz rote Backen, wenn er von Fleischeslust und Höllenstrafe erzählte. Und das tat er sehr oft. Im Beichtunterricht wurde überhaupt fast immer nur das sechste Gebot behandelt. Und dabei gab es doch zehn Gebote. Aber die anderen neun waren wohl nicht so wichtig. Die Hauptsache war: »Du sollst nicht Unkeuschheit treiben!« Das fünfte Gebot: »Du sollst nicht töten!« wurde fast gar nicht behandelt. Es mußte nur beim Aufsagen der zehn Gebote mit aufgezählt werden. Fünftens, du sollst nicht töten, sechstens, du sollst nicht Unkeuschheit treiben, siebtens usw. Wer beim Aufsagen ein Gebot vergaß, mußte nach vorn kommen. Den legte der Vikar sich übers Knie und schlug mit der Hand so zehn- bis zwanzigmal auf den Hintern, wenn es ein größerer Junge war, wohl auch dreißigmal. Das tat nicht sehr weh. Aber der Vikar strengte sich offenbar sehr dabei an. Er bekam dann immer ein ganz rotes Gesicht. Es schien ihm sehr viel daran zu liegen, daß wir die zehn Gebote aufsagen konnten und daß wir genau wußten, was uns blühte, wenn wir uns der Fleischeslust hingaben. –

Das Knistern in den Ecken wurde immer unheimlicher. Aber ich brauchte ja keine Angst zu haben. Ich mußte zwar einen Augenblick an die glühenden Zangen der Hölle denken. Aber ich war ja heute der Dokter. Und ein Dokter hatte Sonderrechte. Ein Dokter durfte sogar bei großen Frauen unters Hemd fassen. Das war allgemein bekannt. Und dagegen konnte nicht einmal der Pastor etwas machen. Und der Dokter brauchte sowas auch nicht mal zu beichten. Ich konnte also eigentlich ganz beruhigt sein. Aber war der Ringkampf mit Helmut nicht nach dem Dokterspiel gewesen? Und hatte ich nicht total vergessen, daß ich der

Dokter war, als ich meinen Kopf an Irmgards nackte Brust drückte? Das Knistern in den Ecken blieb bedrohlich. Ob das Mäuse waren? Oder Ratten? Oder knisterte das Stroh ganz von selbst, so wie Roggenfelder knisterten kurz vor dem Schnitt, wenn die Sonne so richtig brütete?

Das Knistern der gelben Roggenfelder mochte ich sehr. Tante Lene sagte zwar, das mache die böse Roggen-Muhme mitten im Kornfeld. Vor der müsse man sich in Acht nehmen, sie habe zwei riesige Stricknadeln, damit spieße sie alles auf, was in ihre Nähe komme, Sunnenkindkes und Totenkäfer, Spatzen und Tauben, Lärchen und Krähen, Kaninchen und Maulwürfe, Mädchen und Jungen. Das Knistern komme von dem Zappeln und Krabbeln der Aufgespießten. Man dürfe auf keinen Fall in ein Roggenfeld hineingehen. Ich glaubte meiner Tante nicht alles. Sie erzählte oft Märchen und sie erzählte sie so, daß man nie wußte, ob sie richtige Geschichten oder bloß Märchen erzählte. Da die Roggenfelder immer in den Mittagsstunden knisterten, wenn die Sonne richtig schön brannte, konnte ich mir die Roggenmuhme immer nur als eine große schöne Frau mit rundem Bauch und runder Brust und runden Backen vorstellen, die im Roggen ihr Mittagsschläfchen hielt und von wunderbaren Dingen flüsterte, die sie im Traum erlebte. Aber vielleicht war die Roggen-Muhme doch ein böses Gespenst, das mit den Roggenstrohbündeln irgendwie auf den Dachboden gelangt war und hier die Mäuse und Ratten aufspießte, die in ihre Nähe kamen.

Warum sonst sollte es jetzt noch so knistern in den Ecken, wenn das nicht vom Zappeln der Aufgespießten kam. Es wurde mir auf einmal zu dunkel. Ich krabbelte zum Giebelfenster und rückte das vorgeschobene Strohbund zur Seite. Es wurde dadurch nicht sehr viel heller. Aber ich konnte ins Freie schauen.

Von hier oben sah alles so anders aus. Ich war ungefähr auf gleicher Höhe mit der Spitze des Pfundbirnenbaumes. Und auf die Apfelbäume konnte ich direkt herabblicken. Der große Helmut, der da unten gerade mit einem Pfeil Striche auf den Patt kratzte, sah von hier oben ziemlich klein aus. »Den kannst du ganz schön aus der Puste bringen.« Meine Stimme klang ziemlich dünn. In den Ecken knisterte das Stroh. Ich stand auf, streckte die Rechte nach Helmut aus und sagte nochmal, jetzt aber laut: »Den kannst du unterkriegen.« Das Knistern in den Ecken war leise, aber unüberhörbar. Wer hatte eigentlich gesagt, daß der Dokter alles machen darf, was ihm einfällt? Wer konnte das bestimmen? – Dein Papa wird dich totschlagen, wenn er erfährt, was du gemacht hast, das hatte Helmut gesagt, als wir aus der Wäßelwiese kamen. – Die auf den Patt gekratzten Zeichen waren nicht zu entziffern.

Da tauchte unter den Erlenbüschen an der Dalke auf einmal ein schwarzer Mann auf. Er kam über den Kartoffelacker direkt aufs Haus zu. Mit großen Schritten rückte er heran. Um ihn herum war eine düstre Wolke. Die sackte mit jedem Schritt zusammen und wurde mit jedem Schritt neu hochgepustet. Der Mann war so groß und so breit wie Papa. Aber ganz schwarz. Mit den Armen schlug er um sich, als wolle er die finstre Wolke vorantreiben. Oder wollte er was einfangen und einsacken? Er kam immer näher auf unser Haus zu. Ich hatte entsetzliche Angst. Der Schwarze wollte mich holen. Das war fast sicher. Schon hatte er den Apfelgarten erreicht, und ich wollte mich gerade unter dem Stroh verstecken, da machte der Schwarze auf einmal kehrt und marschierte in gleichem Schritt und Tritt wieder in Richtung Dalkebach. Ich konnte aufatmen. Und jetzt erkannte ich auch, was los war. Der Schwarze war nicht nur so groß und breit wie Papa, es war Papa, der schwarzen pulverigen Kunstdünger auf den Kartoffelacker streute, wie der Sämann im Lesebuch. Ich sah genau, daß Papa es war. Und ich konnte mir auch erklären, warum er so schwarz war und wieso er von der düstren Wolke umgeben war. Aber jedesmal wenn der schwarze Mann an der Dalke kehrtmachte und wieder auf das Haus zu schritt, bekam ich von neuem Angst, und ich beschloß, vorerst noch oben auf dem Strohboden zu bleiben. Das Knistern in den dunklen Ecken war jedenfalls weniger bedrohlich als der Schwarze da unten, der immer wieder auf unser Haus losging.

Erst als Papa den ganzen Kartoffelacker eingestäubt hatte und zum Waschen in den Dalkebach stieg und aus dem schwarzen Mann allmählich ein weißer wurde – er nahm den Sand aus dem Bachbett als Seife und rieb sich rundum damit ein und planschte dann gewaltig im Wasser herum, dreimal nacheinander rieb er sich mit

Bachsand ein und spülte wieder ab, da war er wieder ganz hell, und er planschte immer noch im Wasser herum, wie ein Kind, es spritzte hoch auf und nach allen Seiten – da verließ ich meinen Beobachtungsposten am Giebelfenster, stieg vom Boden herunter und setzte mich vor der Haustür auf die Bank. Und da blieb ich sitzen, auch als Papa unter den Erlenbüschen auftauchte und mit langsamen Feierabendschritten auf das Haus zu kam.

Reden und Schweigen

Ich war krank und durfte nachts im alten Kinderbett in Papas und Mamas Kammer schlafen. Meine Krankheit war nicht so schlimm. Viel schlimmer war, daß Papa schon tagelang kein Wort mehr gesagt hatte. Er sagte zwar nie viel. Aber wenn das Essen so heiß auf den Tisch kam, daß er nicht gleich drüberherfallen konnte, dann knurrte er doch wenigstens, wenn er erst pusten mußte, und wenn er sich die Zunge verbrannte, was ziemlich oft passierte, dann knallte er den Löffel auf den Tisch und sagte: »Ik häwe kenne Schwielen anne Tungen,« oder: »Ik häwe kenne Maul- un Klauenseuche, dat de mi de Tungen outkuaken moß.« Sowas sagte er, wenn er das Essen, was ihm vorgesetzt wurde, eigentlich ganz gern mochte. Wenn aber der Milchreis zu heiß war – Papa hatte in Gefangenschaft ein halbes Jahr lang jeden Tag Reis zu essen bekommen – wenn also der Reis zu heiß war, dann sagte er zu Mama: »Dat frätt män sölben!« Stand auf, ging in die Speisekammer und machte sich Schinkenschnitten. Wenn Papa was sagte, war es meist nicht freundlich, aber das war immer noch besser, als wenn er gar nichts sagte. Und jetzt hatte er schon tagelang kein Wort mehr gesagt. Meine dick geschwollenen Fingergelenke taten ziemlich weh, aber das war doch nicht so schlimm wie Papas Schweigen. Deswegen werde ich es auch wohl nie vergessen, daß Papa und Mama an diesem Abend, als sie ins Bett gegangen waren und das Licht ausgeknipst hatten, nicht sofort anfingen zu schnarchen, sondern miteinander redeten, leise, weil sie mich nicht wach machen wollten, und auch nur wenige Sätze, ich weiß nicht mehr genau, was sie sagten, es ging um das Roggenfeld, und vom Thomasmehl war die Rede, aber das war ja ganz unwichtig, wichtig war nur, daß Papa und Mama richtig miteinander redeten. Auf einmal taten meine Fingergelenke nicht mehr weh, und ich konnte einschlafen.

Von da an war es nicht mehr ganz so dumpf und drückend im Haus, wenn Papa wenig oder gar nichts sagte. Ich wußte ja, daß Papa und Mama vor dem Einschlafen schon mal richtig miteinander sprachen, wenn ich es auch nur einmal gehört hatte.

Heiratspläne

Ich wollte die Sefa heiraten und nicht die Grete. Das war nun mal beschlossene Sache. Grete machte dolle Sachen, um Eindruck zu schinden. Sie hockte sich am Waldrand hin. Wir standen im Kreis drumherum. Sie hielt sich die Hand unter den Hintern und legte sich stöhnend eine Wurst hinein, zeigte sie rundum vor und drückte sie dann zu Brei, daß die Schiete zwischen den Fingern herausquoll. Das fanden alle ziemlich doll. Aber ich wollte trotzdem die stille Sefa heiraten, die niemals solche ausgefallenen Sachen machte. Als Grete sich die Hände in der Dalke gewaschen hatte, saßen die Schwestern beide auf dem Waschbrett und ließen die Beine im Wasser baumeln, Grete vorn und Josefa hinten. Ich wollte nach hinten. Dazu mußte ich an Grete vorbei oder über sie hinwegsteigen. Sie machte sich breit, und als ich trotzdem an ihr vorbeizukommen versuchte, bekam ich einen Schubs und platschte ins Wasser. Die Dalke war hier unter dem Waschbrett ziemlich tief, und ich war trotz meiner Heiratspläne noch nicht sehr groß. Ich war etwa sechs Jahre alt. Ich kam erst wieder richtig zu mir, als ich zuhause auf der Deele im Küben saß und Mama mir ordentlich den Kopf rubbelte. Mama war nicht sehr böse über die Sache. Es war nämlich Samstag, und da mußte ich ja sowieso in das Küben und ein neues Hemd anziehen.

Grete behauptete hinterher, daß sie mich gerettet

habe vor dem Tod des Ersaufens. Und Sefa bestätigte das sogar. An den Haaren soll sie mich herausgezogen haben. Daß sie mir aber zuerst einen Schubs gegeben hatte, als ich an ihr vorbei klettern wollte, das hatte sie ganz vergessen. Und die stille friedfertige Sefa hatte das natürlich auch nicht gesehen. Möglich war allerdings auch, daß es eine mehr zufällige Bewegung war, die mich in den Kolk warf. Aber der Grete konnte man es schon zutrauen, daß sie einen erst halb ersaufen ließ, um dann als große Retterin aufzutreten. Am nächsten Tag sagte ich ihr ins Gesicht, daß ich sie niemals heiraten würde. Sie heulte und sagte, beim nächsten Mal würde sie mich nicht wieder aus dem Kolk ziehen. »Ich werde schwimmen lernen, ätsch«, antwortete ich. Sie drehte sich um und zog weinend ab. Da kam ich mir doch sehr schäbig vor. Vielleicht hatte sie mir wirklich nicht absichtlich den Schubs ins Wasser gegeben. Die stille Sefa stand da und machte ein sehr ernstes Gesicht. Auf einmal sagte sie: »Du mußt sie heiraten.« Zugleich schlug sie die Hände vors Gesicht, drehte sich um und lief heulend hinter der größeren Schwester her. Mir war elend zumute. Ich stand da und wußte nicht mehr, was ich tun sollte. Sollte ich hinterherlaufen? Aber wenn ich hinter Sefa herlief, lief ich zugleich hinter Grete her. Es war alles sehr schwierig. Ich zog es vor, erst mal zum Waschbrett zu gehen und meine Beine im kühlen Wasser baumeln zu lassen und ruhig nachzudenken. Nach langem Überlegen kam ich zu dem Schluß, daß alles sehr schwierig war und daß es vielleicht doch besser gewesen wäre, wenn ich da unten im dunklen Kolk geblieben wäre.

Das schönste Geschenk zur Erstkommunion

Ich hatte zur Erstkommunion ein richtiges Taschenmesser bekommen. Das war das schönste Geschenk. Viel schöner als das Gesangbuch mit Goldschnitt und all die bunten Tassen und Heiligenbilder und was es sonst so gab.

Das Taschenmesser hatte eine große und eine kleine Klinge und einen Korkenzieher, den man auch als Bohrer benutzen konnte. Ich beschloß, ein großer Künstler zu werden, und zwar auf dem Gebiet des Holzschnitzens. Von den schuppigen Rinden der Kiefern im Tengerschen Busch schnitt ich dicke Stücke ab und begann sogleich – noch im Matrosenanzug des Erstkommuniontages steckend – mit meinem großen Werk. Und ich bastelte nicht etwa Schiffchen, um sie auf der Dalke schwimmen zu lassen, sondern machte mich gleich daran, eine Madonna zu schnitzen. So erhaben sollte sie sein wie die Statue auf dem Marienaltar in der Kirche und so anziehend und nett wie Hannelore. Ich hatte eine klare Vorstellung von meiner Madonna. In meiner zu erwartenden Künstlerbiographie sah ich sie bereits abgebildet – noch bevor sie entstanden war – mit der Unterschrift »Die Madonna mit den niedergeschlagenen Augen – Jugendwerk«. Es gelang mir auch ziemlich schnell, eine Plastik zu schaffen, deren Form im groben durchaus dem verborgenen Körper einer Madonna hätte zugeschrieben werden können. Es war – wie es einer heiligen Frau zukam – eine ziemlich abstrakte Körperform. Ich hatte zwar große Lust, gerade der himmlischen Madonna einen molligen Bauch und schöne große Brüste herauszumodellieren. Aber das wagte ich am Erstkommuniontag denn doch nicht. Ich wußte ja immerhin schon, daß Maria eine ganz und gar ungewöhnliche Frau war. Da durfte man ihr doch nicht so ganz gewöhnliche weibliche Zutaten wie Brüste anlasten. Sie, die es fertig brachte, Jungfrau und Mutter zugleich zu sein. In diesem Punkt hatte ich übrigens meinen ersten großen Glaubenszweifel. Ich hatte zwar noch keine genauen Vorstellungen darüber, wie aus einer Jungfrau eine Frau und aus einer Frau eine Mutter werden könnte, aber daß jemand Jungfrau und Mutter zugleich sein könne, das fand ich doch unglaublich. Und mit diesem Glaubenszweifel ging ich in den Beichtstuhl, weil man sowas beichten mußte, wie der Vikar uns gesagt hatte. Ich ging aber nicht zum Vikar und nicht zum Pastor, sondern in den Beichtstuhl, vor dem das Schild »Fremder Beichtvater« hing, denn die Sache schien mir doch peinlich zu sein, weil sie irgendwie mit Keuschheit und Unkeuschheit zu tun hatte, und außerdem kam mir mein diesbezüglicher Glaubenszweifel so schwerwiegend vor, daß ich solches einem mir persönlich bekannten Geistlichen nicht gestehen mochte. Der fremde Beichtvater, ein dicker brauner Franziskaner mit einem hellblonden Bart – das konnte ich durch das Gitter erkennen – dieser dicke Franziskaner geriet in eine seltsame Bewegung, als ich schüchtern und leise meinen Glaubenszweifel bezüglich der Jungfrauenschaft Mariens beichtete und um entsprechende Aufklärung zwecks Überwindung meines Glaubenszweifels bat. Der dicke Bauch des Paters begann zu wippen und zu wackeln. Er hielt sich die Hände vors Gesicht und prustete los und hustete und hustete und konnte sich gar nicht wieder einkriegen. Ich fand sein Verhalten sehr befremdend, zumal ich den starken Eindruck hatte, daß der Pater sich in das Prusten und Husten hineinrettete, um einen Lachanfall zu verbergen. Dabei war ich doch schon so groß, daß ich, ohne mich zu recken, über das Brett hinwegsehen konnte, auf das die Großen beim Beichten ihre Ellenbogen stützten, um nicht gar zu hilflos-armsünderlich vor dem Beichtgitter auf den Knien zu liegen. Ich hatte mich sehr ernsthaft mit diesem Problem beschäftigt und fand die Reaktion des fremden Beichtvaters trotz meines Armesünderbewußtseins höchst merkwürdig, ja sogar ungehörig. Als er sich wieder beruhigt hatte, sagte er, das könne ich jetzt noch nicht einsehen, dazu sei ich noch zu jung, später würde ich sowas besser verstehen. Im übrigen aber sei es ein großes Geheimnis. Und er gab mir drei Vaterunser und drei Ave Marias zur Buße auf. Ob das wirklich ein richtiger Stellvertreter Gottes auf Erden war, schien mir sehr zweifelhaft zu sein. Statt den schwerwiegenden Glaubenszweifel bezüglich der Jungfräulichkeit Marias losgeworden zu sein, zweifelte ich nun auch noch daran, ob die Priester wohl die richtigen Stellvertreter Gottes auf Erden sein könnten. Leise Zweifel hatten sich schon öfter gemeldet, wenn der Vikar im Beichtunterricht hauptsächlich vom sechsten Gebot und von der Höllenstrafe und vom Weltuntergang mit dem Jüngsten Gericht erzählte:

Ein fernes unterirdisches Grummeln kündigt den Weltuntergang an. Das Grummeln wird zum Donnern und kommt immer näher, wird immer lauter und bedrohlicher, die Erde beginnt zu beben, ein unbeschreiblicher Sturm bricht los, die Häuser wackeln wie Streichholzschachteln, Blitze zucken aus der Erde auf und springen bis in die schwarzen Wolken. Überall ist ein furchtbarer Schwefelgestank wie in der Hölle. Die Erde bricht auf, Feuer und Qualm schlagen aus den Erdspalten. Überall bilden sich riesige Krater und verschlingen die Apfel- und Birnenbäume, die Kirsch- und Pflaumenbäume, die Erlen und Birken, die Eichen und Buchen, die Hunde und Katzen, die Ziegen und Schafe, die Hühner und Enten, die Hasen und Kaninchen, die Kühe und Kälber, die großen und die kleinen Schweine, und alles, was da kriecht und fliegt, alles wird verschluckt, und mit ungeheurem Getöse krachen die Häuser und Paläste zusammen, es wird Heulen und Zähneknirschen sein, und wenn alle Menschen vor Angst fast sterben, dann erscheinen riesige Engelheere am Himmel und rufen mit silbernen Trompeten die Menschen zum Jüngsten Gericht. Und aus den Gräbern erheben sich die Totengerippe und marschieren zähneklappernd vor die Schranken des letzten Gerichts. Und wehe, dreimal wehe denen, die im Leben Unkeusches gesehen, gehört, gedacht, gesagt oder getan haben, allein oder mit anderen, wehe ihnen, denn der Herr wird sagen: »Weichet von mir ihr Verfluchten in das ewige Höllenfeuer!« –

Sowas erzählte der Vikar immer wieder. Und da bekam ich auch schon manchmal leise Zweifel, ob dieser Mann, der an solchen Greuelgeschichten offenbar soviel Behagen fand, der richtige Stellvertreter des »lieben Gottes« auf Erden sein könnte. Da man den »lieben Gott« allerdings auch manchmal »Gottvater« nannte, schienen mir Härte und unbegreifliches Verhalten denn doch wieder nicht unvereinbar mit dem Bilde Gottes. Wenn Gottvater ein Abbild meines Vaters war, mußte man auf manches gefaßt sein.

Der abstrakte Körper einer superheiligen Frau machte keine Gestaltungsprobleme. Das kriegte ich mit meinem neuen Taschenmesser ganz gut hin. Aber das Gesicht! Oder vielmehr das Antlitz. Das kriegte ich einfach nicht hin. Immer wieder rutschte mir das Messer aus und schnitt der Madonna die Nase ab. Der Kiefernbast war zu weich für solche Feinheiten. Und erst die gesenkten Lider! Es sollte doch »Die Madonna mit den niedergeschlagenen Augen« werden. Das haute nicht hin. Immer tiefer kam ich in den Bast. Wo ich ein Antlitz oder wenigstens ein Gesicht formen wollte, entstand eine Höhle. Ich überlegte, ob ich Sackleinen darüberspannen und das ganze dann »Die keusche Madonna« nennen sollte, aber ich bekam die Wut, schnitt ihr kurzerhand den Kopf ab und nannte das ganze »Mater dolorosa«. (Die lateinischen Brocken hatten wir in der Meßdienerstunde beim Vikar gelernt. Latein war für mich übrigens sehr interessant. Richtig ausländisch sprechen zu können, und gar noch so wie Petrus oder Paulus, das fand ich doll und lernte ziemlich schnell das Confiteor und Suscipiat und was es da sonst noch so gab.)

Am nächsten Tag schnitzte ich dann doch Schiffchen und ließ sie auf dem Dalkebach schwimmen, setzte sie bei unserem Waschbrett rein und fing sie bei Nachbars Waschbrett wieder auf. Aber es handelte sich dabei nicht um Spielzeug, vielmehr schnitzte ich Modelle für richtige Schiffe. Ich versuchte allerlei Formen, schmale und breite Schiffe, spitz zulaufende und abgerundete, flach an der Oberfläche schwimmende und tief ins Wasser ragende Modelle. Sie bekamen Nummern und ich machte Experimente mit ihnen. Es galt herauszufinden, welche Modelle die schnellsten waren, welche die sichersten, welche man am stärksten beladen konnte und welche am elegantesten Hindernisse umschiffen konnten usw. Kurz: Ich wollte Schiffsbauer werden und die Seefahrt treibenden Länder mit ganz neuen Erfindungen überraschen. Einen Entwurf habe ich ein paar Jahre später dann zusammen mit Johannaufderstroths Jupp aus der Nachbarschaft tatsächlich verwirklicht. Es war eine buchstäblich umwerfende Neuerung im Bootsbau. Wir hatten nur Bretter und Nägel zur Verfügung. Teer zum Abdichten der Fugen kratzten wir aus den Rillen der Autobahn. Da die Bretter sehr dünn und biegsam waren, kriegten wir die Seiten schön stromlinienförmig hin. Aber der Boden des Bootes war flach wie ein Pfannekuchen. Als Sitz bauten wir eine ziemlich hohe Bank ein, um beim Rudern und Paddeln einen guten Überblick zu haben. Diese Konstruktion hatte große Vorteile. Nur wer etliche Fahrstunden mit Badehose absolviert hatte und die Tücken des Bootes genau kannte, konnte es wagen, richtig angezogen – gar noch mit Sonntagskleidern – eine Fahrt zu machen. Und wer zum ersten Mal damit fuhr, landete unweigerlich im Wasser. Diese Besonderheit machten wir uns zunutze und fuhren sonntags oft mit dem großen »Holschen« – so hieß das Boot inzwischen – zum Mühlenteich. Dort fanden sich immer Leute, die zuschauten und nach einer Weile meistens fragten, ob sie mit unserem Boot auch mal Kahn fahren dürften. Wir zögerten regelmäßig ein wenig, fragten, ob sie schon mal mit einem Kahn gefahren seien und stellten ihnen dann das Boot zur Verfügung. Aber nur dann, wenn wenigstens ein Mädchen dabei war, weil uns das am meisten Spaß machte, wenn sie kreischend ins Wasser flogen und klatschnaß ans Land kamen, wobei die Kleider am Körper klebten wie ein Badeanzug. Wir hatten dann zwar immer einige Mühe, das gekenterte Boot wieder an Land zu kriegen, ohne selber naß zu werden. Aber das nahmen wir gern in Kauf, wenn wir dafür piekfein angezogene junge Leute mit ihrem Sonntagsstaat ins Wasser plumpsen sehen konnten.

Im Krieg hatten wir es leichter mit dem Bootsbau. Die amerikanischen oder englischen Jagdflugzeuge, die die Bomberschwärme begleiteten, nahmen zusätzliche Treibstofftanks mit, um genauso lange in der Luft bleiben zu können wie die dicken Brummer. Wenn diese Tanks leer waren, wurden sie einfach abgeworfen, und so kam es, daß in diesen Jahren nicht nur Bomben und Weihnachtslametta vom Himmel fielen, sondern auch Paddelboote, die eine geradezu ideale Stromlinienform hatten. Man brauchte nur auf der einen Seite ein Stück Blech mit Hammer und Meißel aus dem Tank herauszuhämmern, um einen Einstieg zu schaffen, schon war das Boot fertig.

Das Erstkommunionsmesser habe ich nicht nur zum Madonnenschnitzen und Schiffebasteln gebraucht. Angeregt durch ein sehr farbiges Herz-Jesu-Bild, das auch zu den Kommunionsgeschenken gehörte, habe ich mit dem Messer etlichen Mäusen, Fröschen und jungen Spatzen den Bauch aufgeschnitten, um das Herz herauszuoperieren, habe aber in dem Durcheinander unter der Haut nie ein Herz gefunden.

Sonntags

Sonntags war alles anders. Zur Kirche mußte ich den kratzigen Matrosenanzug tragen und Lederschuhe anziehen, die die meiste Zeit zu groß oder zu klein waren. Sie mußten etliche Jahre halten, und da wir ja werktags immer die billigeren Holzschuhe anhatten, hielten sie auch tatsächlich so lange. Zu Anfang schlackerten sie lose an den Füßen rum, daß man beim Laufen ins Stolpern kam. Und hinterher quetschten sie einem die Zehen zusammen, daß die Nägel ins Fleisch wuchsen. Aber es half nichts, zur Kirche mußte man eben was anderes anziehen als sonst, was Feineres.

Ganz anders angezogen in der Kirche, so anders, daß man ihn kaum wiedererkannte, war Papa. Weil er sonntags nicht arbeiten durfte, aber trotzdem ein paar Mark verdienen wollte, hatte er die Stelle des Kirchenschweizers übernommen. Fünf Messen lang – einschließlich fünf Predigten – waltete er seines Amtes.

Es mußte wohl ein bedeutendes Amt sein. Als ich Papa zum erstenmal als Kirchenschweizer sah, war ich mächtig beeindruckt. Er, den ich sonst fast nur in kalkbespritzten Manchesterhosen zu sehen bekam, er trug in der Kirche einen wallenden Purpurmantel, auf dem Kopfe hatte er einen purpurroten Hut mit einem schwarzen Kreuz auf der Stirnseite, nicht ganz so hoch wie eine Nikolaus-Mitra, aber auch so schon imponierend genug. Papa machte mit der ganz und gar roten

Bekleidung einen ungemein würdigen Eindruck, vor allem wenn man sein einheitliches Rot verglich mit den närrisch bunten Gewändern der Priester am Altar. Außerdem hatte Papa einen Stab in der Hand, der dem Papst in Rom nicht schlecht zu Gesicht gestanden hätte. Damit stupste er die ungeduldigen Schafe und Böcke zurecht, wenn sie auf dem Weg zur Kommunionbank allzu stürmisch vorwärts drängten und dabei sogar die Seitengänge benutzten, die doch für den Abmarsch reserviert waren, wie jedermann wußte. Wenn Papa im Gedränge festgekeilt war und der Stab nicht lang genug war, die schwarzen Schafe auf den rechten Weg zu stoßen, die versuchten das heilige Brot auf Schleichwegen vor anderen zu ergattern, dann machte er wohl gar den Mund auf und stieß kurze Kommandos in einer seltsamen Sprache aus. Mein Papa, der sonst entweder schwieg oder Plattdeutsch sprach, der redete hier auf einmal »in Zungen«. Es war schon komisch: die Schwarzröcke, die sonst Hochdeutsch redeten, sprachen hier Latein, und mein Papa, der sonst immer nur Platt sprach, der sprach hier Hochdeutsch. Am Sonntag in der Kirche mußte also offenbar alles anders sein als sonst. Das Gewöhnliche und Alltägliche und Übliche mußte hier abgelegt werden. Ich konnte plötzlich die alte Frau verstehen, die jeden Sonntag, bevor sie in die Kirche ging, am Mühlenstau des Wühlbachs unter dem Standbild des Hl. Nepomuk mit großer Ausdauer Gesicht und Hände abwusch, auch im Winter, wenn es bitterkalt war. Die Leute sagten, diese Frau sei nicht richtig im Kopf. Dabei merkten sie gar nicht, daß sie sich ganz konsequent auf die Messe vorbereitete, wo alles ganz anders war. Das merkte man auch an dem Gesang. Hier sangen nämlich nicht nur Fraumenschen und Kinder und Schwarzröcke und Lehrer, wie zu erwarten war, nein, hier sangen auch Mannsmenschen, die sonst ganz bedächtig und vernünftig hinter dem Pflug hergingen und den ganzen Tag nur ›Ha‹ oder ›Hot‹ oder ›Hüh‹ riefen. Auch mein Papa, von dem ich bis dahin nie ein Lied gehört hatte, hier in der Kirche sang er aus voller Brust: »Maria zu lieben ist allzeit mein Sinn, in Freuden und Leiden ihr Diener ich bin« und »Meerstern, ich dich grüße, oho Maharihihaha hilf! Gottesmutter, süße, o Maria hilf!«

»Gottesmutter süße«, das klang sehr komisch aus Papas Munde, zumal er das nicht nur sang, sondern geradezu brüllte. Zwischendurch atmete er tief ein, so daß der weite rote Umhang sich richtig aufplusterte. Aber er atmete nicht nur tief sondern auch sehr lang anhaltend ein, so daß er beim neuen Einsatz immer zu spät kam und der Küster mit der Orgel stets ein paar Noten voraushüpfte. Aber das störte Papa und die anderen Mannsmenschen nicht. Sie sangen ihren Streifen nach ihrem eigenen langgezogenen Rhythmus und überstimmten glatt den auf seiner Orgel zappelig herumhopsenden Küster.

Als ich Papa zum erstenmal in der Kirche singen hörte, war ich ganz verblüfft, weil er zu Hause nie ein Lied sang oder wenigstens summte oder pfiff. Das kam erst viel später, als er nicht mehr so viel Sorgen hatte. Aber da waren wir Kinder schon fast alle richtig groß.

Und Mama war schon tot. Ich glaube, Mama hätte es wohl mal sehr gern gehört, wenn Papa ein Liedchen summend nach Hause gekommen wäre. Vielleicht hätte sie dann selber auch mal ein Lied gesungen, vielleicht am Sonntagnachmittag, da mußte sie ja nicht kochen, und auf dem Acker durfte sie dann ja auch nicht arbeiten. Mama war gut, sie hätte es sicher getan, wenn sie gekonnt hätte. Papa war sicher auch gut. Aber das haben erst die Enkelkinder richtig erlebt, als er die Hypotheken los war. Ich hatte als Kind meistens Angst vor ihm. Er war sicher gut. Und er hätte sicher auch zu Hause mal ein Liedchen gesungen, wenn ihm nicht irgend etwas die Kehle zugeschnürt hätte. Samstags kam er manchmal grölend nach Hause. Aber das war kein Singen. Es klang bedrohlich. Wir gingen ihm dann möglichst aus dem Weg. Mama konnte das nicht. Sie mußte ihm zumindest das Essen hinstellen. Als er einmal ganz schrecklich betrunken war und sich nicht mehr auf den Beinen halten konnte, brachten ihn zwei Männer aus der Nachbarschaft ins Bett. Mama wollte nicht bei ihm schlafen und legte sich in der Küche auf die Couch. Als Papa das merkte, wurde er schrecklich wütend und rief: »Ik schmeite di out'n House rout. Un glaif bloß nich, dat ik di de Dör wiar los make. Gonk hen, wo de denkumen bis, wenn du nich bi mi schlaopen wills.« Da legte sich Mama voll angezogen ins Ehebett. Auch Papa hatte im Bett noch die kalkbespritzte Manchesterhose vom Bau an. Ich konnte an diesem Abend lange nicht einschlafen, weil ich immer noch fürchtete, daß unten ein Unglück geschah. Aber es blieb alles still. Am anderen

Morgen um halb sechs fuhr Papa zur Frühmesse ins Dorf und waltete seines Amtes als Kirchenschweizer. Sonntagmittag brachte er uns wie jeden Sonntag eine Tüte mit zwölf Klümpkes mit, die er einem von den vier Kleinsten mit einem »Dä« zuwarf. Die Klümpkes wurden genau aufgeteilt auf die vier Kleinsten. Zwölf durch vier macht drei. Das war unsere Wochenration an Süßigkeiten. An Schokolade war überhaupt nicht zu denken. Nur einmal bekam jeder von uns eine ganze Tafel. Das war, als unser fünfzehnjähriger Bruder Hermann nach längerer Krankheit gestorben war. Ihm hatten Tanten und Onkels Schokolade mitgebracht, weil er immer mehr abmagerte und manchmal keine Luft mehr bekam. Er hatte zuletzt nicht einmal mehr Schokolade essen können. Das war mir ganz unbegreiflich. Mir jedenfalls schmeckte sie sehr, sehr gut, obwohl ich genau wußte, wer sie eigentlich hätte essen sollen. Hermann lag wie eine riesige Wachspuppe zwischen Blumen und Grünzeug im Nebenzimmer und sah sehr zufrieden aus. Ich war ziemlich sicher, daß er nicht böse darüber war, daß ich seine Schokolade aufaß. Abends allerdings, wenn die Nachbarn kamen und wir uns alle um den Toten herumstellten und den endlosen schmerzhaften Rosenkranz beteten, sah die Sache manchmal anders aus. Für mich war der Rosenkranz ein echter Leidensweg, und ich atmete erlöst auf, wenn es dann endlich hieß: »der für uns ist gekreuziget worden«. Aber das kam dann immer noch zehnmal, jeweils eingebettet in ein »Gegrüßet seist du Maria«, von dem ich die Hälfte nicht verstand. Den Anfang ja. Aber warum begrüßte man die Maria fünfzigmal hintereinander, wo man doch sonst nur einmal ›Guten Tag‹ oder ›Guten Abend‹ sagte. Und dann der zweite Satz: »Du bist gebenedeit unter den Weibern.« Wie konnte man die schöne Madonna einfach zu den ›Weibern‹ zählen. Und was mit ›gebenedeit‹ gemeint war, das konnte ich nicht einmal ahnen. Aber der dritte Satz war noch verrückter: »Und gebenedeit ist die Frucht deines Leibes ...«. Da verstand ich nur noch Bahnhof. Fünfzig mal Bahnhof hintereinander. Es war bei solchen Todesfällen nicht ganz ausgeschlossen, daß noch ein zweiter und dritter Rosenkranz angehängt wurde. Das machte dann hundertmal oder hundertfünfzigmal Bahnhof. Wenn das ganze dann beendet wurde mit dem frommen Wunsche »Herr, gib ihm die ewige Ruhe, und das ewige Licht leuchte ihm«, dann war ich froh, ins Bett kriechen zu dürfen, während ich sonst immer möglichst lange aufbleiben wollte. –

Daß ich nach dem Toten-Rosenkranz gern ins Bett ging, hatte allerdings auch noch einen anderen Grund. Ich hatte meine Tafel Schokolade nämlich hinter dem Bett versteckt, weil ich Angst hatte, daß mein Bruder mir ein Stückchen klauen könnte. Der hatte seine Tafel nämlich sofort ganz aufgegessen, als Hermann tot war. Ich nahm die von den Rillen abgegrenzten Stückchen als Tagesration und hatte auf diese Weise länger was davon. Und ich genehmigte mir meine Tagesration nicht gleich morgens oder mittags, sondern erst abends nach dem Gutenacht-Gebet. So hatte ich den ganzen

Tag was davon. Aber vierundzwanzig Tage nach Hermanns Tod war auch das letzte Stückchen aufgegessen. Da freute ich mich wieder mehr auf die Sonntage, wenn Papa nach der Kirche eine Tüte Klümpkes mitbrachte.

Zahlkarte, Stachelbeerwein und Räucherkammer

Wenn der Kalender auf die 30 zuging, war es besser, Papa aus dem Wege zu gehen. An einem Abend kurz vor Monatsende holte er dann immer eine graue Tasche aus der Schlafkammer, Stahlfederhalter und Tintenpott aus dem Küchenschrank, setzte sich an den Tisch, verlangte, daß Mama den Tisch nochmal mit dem Wascheltuch abwischte, packte einen grünlichen, länglichen Zettel aus, zog den Stopfen aus dem Tintenpott, tauchte die Stahlfeder ein und begann zu schreiben. Die Feder kratzte unter dem Druck der Hand, die gewohnt war, Backsteine zu greifen, und so vorsichtig er auch zu Werke ging, die Feder kratzte nicht nur in seiner Hand, sie spritzte auch oft kleine Kleckser auf den Schein. Dann schnaufte Papa tief, holte einen neuen Schein aus der Tasche und fing nochmal von vorne an. Es war nicht viel, was er auf den Zettel zu schreiben hatte. Da war gar nicht viel Platz freigelassen. Es war fast alles voll gedruckt. Oben drauf stand groß ›Zahlkarte‹. Nur Namen und Adresse und eine Zahl mußte Papa einsetzen. Das war alles. Papa atmete schwer dabei. Es konnte aber nicht nur das Schreiben sein, das ihm so schwerfiel. Auch wenn er die Feder abgeleckt und das Schreibzeug wieder weggepackt hatte, stöhnte er noch. Das war natürlich kein richtiges Stöhnen. Papa stöhnte nie. Wo andere klagten, seufzten, jammerten, da fluchte und schimpfte er lieber. Nur beim Ausfüllen der Zahlkarte am Monatsende da fluchte er komischerweise nie. Da schwieg er und atmete schwer, besonders hinterher, wenn er die graue Tasche nochmal aufmachte und Geldscheine und Münzen herausholte, zählte und nochmal zählte, den Schein nochmal überprüfte, nochmal zählte und dann das Geld mit dem Schein der Mama rüberschob mit einem dumpfen »Dä!«

Mama mußte es dann am nächsten Tag zur Post bringen. Ich verstand nicht, warum man Geld zur Post brachte und dafür nichts bekam als einen Stempel auf ein Stückchen von dem grünen Schein. Ich fragte Mama. Sie sagte was von einer »Hypothek auf dem Haus«, sagte aber gleich dazu: »Dat vostäis du na nich.« Mama hatte recht. Ich verstand nicht. Aber ich spürte, daß irgendwer dem Papa im Nacken saß und ihn zwang, Dinge zu tun, die er freiwillig nie getan hätte. Ich konnte das nicht begreifen. Papa war der stärkste Mann weit und breit. Wenn das Pferd den vollbeladenen Mistwagen nicht aus der Mistgrube herauskriegte, brauchte Papa nur kurz in die Speichen zu greifen. Und als Kampmanns ihren großen Hühnerstall versetzen wollten und dazu alle Männer aus der Umgebung zusammengerufen hatten, sagte Papa: »Wat sall dat ganze Volk heier?« Und er schickte die beiden Männer, die auf seiner Seite mit anfassen sollten, noch auf die gegenüberliegende Seite, so daß dort fünf Männer trugen, was Papa auf der anderen Seite allein schaffte. Papa war stark wie ein Stier. Und doch mußte irgendwo einer sein, der stärker war als er, der ihm im Nacken saß, für den er den grünen Schein ausfüllen mußte, für den er das Geld zusammenzählte. Dieser Stärkere ließ sich nie blicken, vielleicht war er sogar unsichtbar wie der liebe Gott. Sonst hätte Papa doch sicher den Versuch gemacht, ihn beim Wickel zu kriegen, oder zumindest ihn abzuschütteln. Das deutlich hörbare Ein- und Ausatmen, das beinahe wie Seufzen und Stöhnen klang, und das man von ihm nur beim Ausfüllen des grünen Scheins und beim Abzählen des Geldes zu hören bekam, war nur so zu erklären, daß er nichts machen konnte gegen den Unsichtbaren, der ihm das Geld abnahm, wofür er sich von frühmorgens bis spätabends auf der Baustelle und auf dem Acker abgerackert hatte. Wenn Papa den grünen Schein ausgefüllt hatte, ging er regelmäßig in die Speisekammer und kippte ein paar Schnäpse runter. So versuchte er sich den Ärger runterzuspülen. Und wenn er manchmal so viel trank, daß er nicht mehr auf den Beinen stehen konnte, dann mußte der Ärger, den er runterzuspülen hatte, wohl sehr groß sein. Schade nur, daß er dann doch nicht wie andere Männer lustig wurde, wenn er getrunken hatte. Auch mit Schnaps gelang es ihm nicht, den Unsichtbaren abzuschütteln, der ihm im Nacken saß. Er hatte ein Haus gebaut, weil in dem alten Höisken einfach nicht mehr Platz genug war für zehn Kinder und Opa und Tante. Schließlich war er Maurer, und er wollte nicht immer nur für die andern Leute Häuser bauen. Ein Haus wollte er für sich und für uns bauen. Dafür mußte er jetzt nach vielen

Jahren immer noch Zahlkarten ausfüllen und Geld wegschicken, obwohl er selber nicht genug davon hatte, um neue Schuhe für uns zu kaufen, wenn die alten zu klein geworden waren und die Zehennägel ins Fleisch wachsen ließen. Darum war Papa immer so böse. – So hat Mama mir das erklärt, als Papa nach der Arbeit mal wieder nicht nach Hause kam und wir Angst hatten, daß er unters Auto gekommen war. Und Mama hat noch gesagt, daß sie ihm deswegen nicht böse sein kann, wenn er immer so böse ist.

Ein besonders gefährlicher Tag war der Samstag.

Wenn Papa am Samstagmittag nicht zum Essen nach Hause kam, dann schmeckte es uns allen nicht. Mama ließ sich nichts anmerken. Sie aß langsamer, kaute länger, so daß es nicht so auffiel, daß sie weniger aß als sonst. Papa hatte Samstagmittag Feierabend, und wenn er nicht nach Hause kam, dann war er in einer der Kneipen, die am Wege lagen, hängengeblieben. Je länger er ausblieb, desto mehr Schnaps trank er, und um so bedrohlicher wurde das Wochenende. Dann schimpfte, drohte, fluchte er und schlug um sich. Allen Ärger, den er die Woche über schweigend runtergeschluckt hatte, den kotzte er aus, wenn er samstags getrunken hatte. Wir hatten alle Angst an diesen Samstagnachmittagen. Wenn er zum Kaffeetrinken auch noch nicht zurück war, sahen sich alle gegenseitig an, ohne etwas zu sagen, und verschwanden, wenn es ging. Ideal war es, wenn man mit Beichten dran war. Wenn man mit dem Gebetbuch in der Hand nach Hause zurückkam, konnte Papa nicht fragen, wo man sich rumgetrieben habe. Aber Beichte war nur alle vier Wochen angesetzt. Drei Samstage dazwischen waren ungeschützt.

An diesem Samstag war kein Beichttag für die Jungen der Widei-Schule, und um fünf Uhr war Papa immer noch nicht wieder da. Mama hatte schon öfter um die Hausecke geguckt. Tante Lene war schon seit einer Stunde verschwunden. Ich kletterte auf den Strohboden und setzte mich vor das Giebelfenster, das so klein war, daß man kaum rausfallen konnte. Von hier aus konnte ich den Birkenweg und die Appelbaumchaussee bis zur Dalkebrücke überblicken. Von dort mußte er kommen.

Als ich ihn endlich auf der Straße erblickte, erschrak ich. Papa ging zu Fuß und führte das Fahrrad neben sich. Er stützte sich mit beiden Händen auf den Lenker und schwankte entsetzlich hin und her. Jetzt knickte der Lenker auf einmal zur Seite, und Papa stürzte zu Boden, auf das Fahrrad. Er versuchte wieder hochzukommen, schien aber irgendwie an dem Rad festzuhängen. Ich rannte runter und zur Straße, um ihm zu helfen. Als ich die Straße erreicht hatte, stand Papa wieder auf den Beinen, aber das Fahrrad lag noch am Boden. Ich richtete es auf und wollte es nach Hause schieben. Er fluchte und nahm es mir aus der Hand. Ich lief nebenher und hielt das Rad von der anderen Seite. »Laot dat Rad los, dumme Blage«, knurrte er, »un mak, dat du na Hous kümmst!« Ich gehorchte natürlich und lief voraus. Mama sah schon wieder um die Hausecke. »Gonk män in'n Keller, Junge«, sagte sie. Ich wollte

Mama nicht alleine lassen und blieb bei ihr. Wir machten uns irgendwas auf dem Hof vor der Tür zu schaffen. Mama wusch einen Korb Kartoffeln. Ich schnappte mir einen alten Lappen und putzte an meinem Fahrrad herum. Papa sah schrecklich aus, als er um die Ecke kam. Die rechte Gesichtshälfte war aufgeschürft und schmutzig. Die rechte Hand war ganz blutig. »Met de Tuffeln kannste de Schweine fouern«, sagte er zu Mama, »schlao mi läiwer Eier met Späck inne Pannen.« Mama hörte sofort auf mit Kartoffelnwaschen und setzte die Pfanne aufs Feuer. Papa wusch sich ein bißchen unter der Pumpe und schmierte dann Blut und Dreck ins Handtuch. Dann ging er auf die Treppe zur Wohnküche zu, geriet aber wieder gefährlich ins Schwanken. Ich faßte ihn am linken Arm, damit er nicht die Steintreppe runterfiele. Aber er kriegte die Wut und stieß mich mit einem kräftigen Ruck zur Seite. Ich flog auf die große Korbflasche neben dem Herd, in der der selbstgemachte Stachelbeerwein blubberte. Die große Korbflasche stürzte vom Hocker und als das ungeschützte obere Stück auf den Zementboden knallte, zersprang die riesige Fünfzig-Liter-Flasche, und der halb gegorene Stachelbeerwein überschwemmte die Deele. »Du Döskopp«, schrie Papa und ging auf mich los. Ich lief weg und versteckte mich in der Räucherkammer. Da war aber kein richtiger Boden drin, nur ein schmaler Mauervorsprung an den Seiten. Ich klammerte mich am Gestänge fest, wo die Mettwürste aufgehängt waren. Papa konnte mit gespreizten Beinen auf den Seitenmauern stehen, wenn er die Würste aufhängte oder abnahm. Meine Beine waren dazu noch nicht lang genug. Ich konnte mich mit den Füßen zwar auf der einen Seitenmauer ein wenig abstützen, aber zum richtigen Stehen reichte der Platz nicht. So hing ich mehr, als daß ich stehen konnte zwischen den Mettwürsten an der Schnöse. Unter mir ein schwarzer Trichter, der zur Feuerstelle hinabführte. Der von den schwelenden Buchenspänen aufsteigende Rauch biß in den Augen. Im Sommer wurde zwar nur ganz wenig geräuchert, nur so viel, daß sich keine Würmer an die Schinken und an die Dauerwürste heranmachten. Es war nur ein kleines, vor sich hinschwelendes Glühen unter dem Sägemehl. Die Klappe vor der Feuerstelle wurde fast ganz geschlossen, so daß die Glut kaum Luft kriegte und nicht aufflackern konnte, und immer nur ein bißchen Rauch machte. Aber dieses bißchen Rauch war für mich schon genug. Das Beißen in den Augen wurde immer schlimmer. Ich hätte natürlich die Augen zumachen können, denn sehen konnte ich in der dunklen Räucherkammer sowieso nichts. Die Eisenklappe schloß ganz dicht, sonst wäre ja dauernd der Rauch herausgequollen. Es war wirklich stockfinster hier. Aber trotzdem hielt ich die Augen weit auf und starrte dorthin, wo die Klappe sein mußte. Der beißende Rauch begann nun auch im Hals zu kratzen. Ich hatte große Angst, daß ich husten mußte und Papa mich dann finden würde. Ich hielt die Luft an, so gut es ging. Dann sah ich auf einmal leuchtende Farben, und dann war alles weg.

Als ich wieder zu mir kam, lag ich draußen vor der

Tür auf dem Gras. Mama beugte sich über mich und schüttelte mich hin und her. Als ich die Augen aufschlug, sackte sie zurück auf die Hacken und schaute zum Himmel auf. Ich sah auch in den Himmel und in den Pfundbirnenbaum über mir. Die Äste und Zweige hingen tief herunter. Oben in der Spitze war ein Ast gebrochen. Es war ein gutes Birnenjahr. Als ich mich umschaute, sah ich Papa auf der Bank sitzen. Er saß da zusammengekauert, die Ellbogen auf den Knien, den Kopf gestützt auf die breiten Hände, die das Gesicht gänzlich verdeckten. Ich sah sofort, daß ich jetzt nicht mehr wegzulaufen brauchte. Ich blieb liegen, wie ich lag, und sah hinauf in den Pfundbirnenbaum. Ganze Trauben von Birnen hingen an den Zweigen. Ob man auch aus Birnen Wein machen konnte? Stachelbeerwein würde es in diesem Jahr Weihnachten und Silvester ja nicht geben. Mama stand auf, fegte mit dem Reiserbesen auf der Deele die Glasscherben zusammen und wischte den Boden. Aber es roch da noch lange Zeit nach Stachelbeerwein. Und eine lange Zeit blieb Papa völlig stumm.

Kleingekriegt

Es war am Hochzeitstag meines ältesten Bruders. Papa war besoffen. Er hatte zwar morgens nach dem Frühstück ein halbes Glas Senf, mit Schnaps verrührt, aufgelöffelt, weil man dann den ganzen Tag alles trinken könne ohne dicke zu werden. Aber es war wohl nicht genug Senf gewesen oder nicht die richtige Sorte. Jedenfalls war Papa spät abends gefährlich betrunken. Wir warteten unten vor der Gaststube auf die Kutsche, die uns nach Hause bringen sollte. Papa ging zur Theke und sagte: »Ik douhe en'n out«. Ein großer Mann trat aus der Gruppe der an der Theke stehenden Männer heraus und sagte: »Nein, ich gebe einen aus«. Papa warf sich in die Brust: »Wenn ik segge, ik douhe en'n out, dann douhe ik en'n out«. Dabei ging er langsam in seiner ganzen Breite auf den Langen zu und nahm schon die Hände aus den Hosentaschen. Der Große drehte sich halb zur Seite und sagte: »Söih du män tou, dat du dinne Blagen satt kriss. Du häs jä doch kenn Geld.« Einen Augenblick sah es so aus, als ob Papa dem Großen an die Gurgel springen wollte. Aber dann sackte er plötzlich auf einen Stuhl und saß da zusammengekauert wie ein geprügelter Hund. Er ließ sich wie willenlos zur Kutsche führen und nach Hause bringen.

Dies überraschende Kleinbeigeben von Papa, der der stärkste Mann weit und breit war, machte mir noch lange Zeit zu schaffen. Im Augenblick war ich zwar sehr froh, daß es keine Schlägerei an der Theke gab, zumal Papa nicht mehr fest auf den Beinen stand. Aber daß mein Papa zusammensackte wie ein in die Ecke gestellter Sack Mehl, das war auch für mich niederschmetternd. Der Große mußte ihn an einer sehr empfindlichen Stelle getroffen haben. Papa war bestimmt kein Liederjan und Lotterbube, kein Säufer, wenn er auch manchmal trank, er arbeitete wie ein Pferd, Tag für Tag, verdiente sogar sonntags als Kirchenschweizer noch ein paar Mark dazu. Und doch konnte ihm einer sagen, er habe ja kein Geld. Und der es sagte, sagte es sogar mit Recht, sonst hätte es Papa nicht so getroffen. Mit diesem kleinen Satz – »Du häs jä doch kenn Geld« – hatte der lange Lulatsch an der Theke meinen bärenstarken Papa kleingekriegt.

Wie schlimm das war, wenn einer kein Geld oder nicht genug Geld hatte, das wurde mir auch am folgenden Weihnachtsfest nochmal klargemacht. Ich hatte mir eine kleine Ziehharmonika gewünscht und hatte dem Christkind auf dem Wunschzettel ganz deutlich zu verstehen gegeben, daß dies mein sehnlichster Wunsch war. Ich bekam ein Flugzeug, das nicht fliegen konnte. Ein einziges Mal lief es über den Fußboden in der Küche bis vor die Wand. Es machte knacks, und von da an konnte ich es nur noch über den Boden schieben, alles Aufdrehen nützte nichts. Es sei doch eigentlich auch so ein ganz schönes Flugzeug, sagte meine große Schwester, und es habe vorne sogar einen richtigen Propeller. Ich schob das glitzernde Flugzeug über den Boden hin, rutschte hinterher und dachte an die Ziehharmonika, die ich mir eigentlich gewünscht hatte. »Auch das Christkind kann nicht alle Wünsche erfüllen«, belehrte mich meine große Schwester. Aber das brauchte sie mir gar nicht zu sagen. Ich hatte längst gemerkt, daß auch das Christkind sich mit seinen Geschenken für die Kinder nach dem Portemonnaie des Vaters richtete. Der Sohn des Doktors bekam vom Christkind Sachen, von denen ich nicht mal zu träumen wagte. Und der war bestimmt nicht artiger und frömmer als ich. Wenn der Vater kein Geld oder nicht genug Geld hatte, dann war eben nichts zu machen. Dagegen war auch der liebe Gott machtlos. Da konnte man schon verstehen, daß Papa wie vor den Kopf geschlagen war, als ihm einer sagte: »Du häs jä doch kenn Geld.«

Eine Ziehharmonika habe ich dann später aber doch noch bekommen. Allerdings keine neue. Der Balg war an mehreren Stellen mit Heftpflaster verklebt, und ich mußte beim Spielen zwischendurch immer mal nach Luft schnappen, weil dem Balg trotz des Heftpflasters leicht die Puste ausging, aber es war eine richtige Ziehharmonika, auf der ich wunderschöne Lieder spielen konnte: ›Guten Abend, gute Nacht‹ und ›Weißt du, wieviel Sternlein stehen‹. An warmen Sommerabenden saß ich auf der Bank unterm Birnbaum und spielte bis es dunkel wurde: ›Im schönsten Wiesengrunde‹ und ›Deutschland, Deutschland über alles‹ und ›Großer Gott, wir loben dich‹.

Wie mein starker Papa zusammengesackt war bei

dem Satz »Du häs jä doch kenn Geld«, das fiel mir wieder ein an dem Tage, als ich von zuhause wegfuhr zur Klosterschule und also Geld brauchte. – Mama holte ihre alte Handtasche aus der Wäsche-Schublade und reichte mir Geldscheine zu. »Das ist sicher zuviel, Mama«, sagte ich, »soviel brauch ich doch sicher nicht.« Dabei wußte ich gar nicht, wieviel das war, was mir die rissige Hand da zusammengeknüllt zureichte. Ich sah nur Geldscheine, wie ich sie nie vorher in der Hand gehabt hatte. Ich nahm das Geld und fühlte mich sehr elend. Am liebsten hätte ich den ganzen Plan mit der Klosterschule und mit der Bekehrung Afrikas aufgegeben und wäre Bäcker oder Schneider oder sowas geworden, wofür man kein Geld brauchte. Aber der Koffer war gepackt, und die Fahrkarte war gekauft.

Auf der Fahrt am Rhein entlang sah ich nicht viel vom Rhein und von den Bergen und Burgen, obwohl es meine erste große Reise war und ich sowas nie vorher gesehen hatte. Ich hatte noch immer die Hand meiner Mutter vor Augen, wie sie mir mit einer merkwürdig zögernden Bewegung die Geldscheine zureichte, als ob es sehr mühsam wäre, den Arm zu heben. Und ich hatte vor mir das Bild von Papa, wie er zusammensackte bei dem Satz: »Du häs jä doch kenn Geld«. – Die Burgen auf den Bergen waren sehr unwirklich im Vergleich mit dem, was ich von zuhause her vor Augen hatte.

Mama auf der Schubkarre

Daß im Kriege Tag und Nacht Bomberschwärme oder einzelne Jabos am Himmel brummten, war nicht so schlimm. Zwar mußte man damit rechnen, daß einem jeden Augenblick eine Bombe auf den Kopf oder auf das Haus fallen konnte, aber daran hatte man sich bald gewöhnt. Schlimm war es, wenn die Feldpostbriefe von meinen älteren Brüdern – und gegen Ende des Krieges von Papa – längere Zeit auf sich warten ließen. Unsere ängstliche Mama fürchtete immer gleich das Schlimmste, und sie hatte manchmal recht damit. Als eines Morgens – kurz nach Beginn des Rußlandfeldzuges – der Ortsbauernführer Jakobfeuerborn, ein würdiger Mann mit grauen Haaren, auf den Hof gefahren kam und auf die Frage, was er denn Gutes bringe, sagte, er bringe nichts Gutes, Eduard sei auf dem Felde der Ehre für Führer, Volk und Vaterland gefallen, da sackte Mama zusammen, setzte sich auf die Schubkarre, schlug die Hände vors Gesicht und stieß seltsame Laute aus, Laute, die ich noch nie von ihr oder einem andern Menschen gehört hatte. Als es abends dunkel wurde, hörte man sie nicht mehr weinen, aber sie saß immer noch genau so auf der Schubkarre, wie am frühen Morgen, als die Todesnachricht gekommen war. Das Schlimmste war für mich nicht, daß mein Bruder gefallen war, das konnte ich mir ohnehin nicht recht vorstellen. Das Schlimmste war, wie Mama da den ganzen Tag auf der Schubkarre saß – sie, die sonst immer in Bewegung war, weil sie mit der Arbeit kaum zurandekam – den ganzen Tag wie erstarrt da saß, bis es dunkel wurde und Papa sie am Arm faßte, sie hochzog und in die Kammer ins Bett brachte. – Nachts hatte ich einen schrecklichen Traum. Mama saß auf der Schubkarre fest. Niemand konnte sie mehr hochkriegen, auch Papa nicht, obwohl er zog und zerrte. Mama war nämlich zu Holz geworden und auf der Schubkarre festgenagelt. Der Ortsbauernführer mit den grauen Haaren schob Mama mit der Schubkarre auf das Roggenfeld und sagte: »Ich habe eine gute Nachricht. Dies ist eine gute Vogelscheuche. Seht, wie die schwarzen Krähen fliegen, nach Rußland, nach Rußland.« –

Ich sprang aus dem Bett und rannte nach unten in die Küche. Da saß Papa noch am Tisch, ganz allein, stützte seinen runden Kopf auf die geballte Faust und sah mich müde an. »Wo ist Mama?« fragte ich. – »Im Bett«, sagte Papa und fügte gleich hinzu: »Aber laß sie in Ruh! – Hast du was?« – »Och, eigentlich nichts! Ich wollte nur mal sehen, wo Mama ist. Sitzt sie auch wirklich nicht mehr auf der Schubkarre?« – »Sie liegt im Bett. Das hab ich dir doch gesagt. Und nun geh du auch wieder ins Bett!« Ich gehorchte wie immer, obwohl Papa ein wenig anders zu sein schien als sonst immer. Vielleicht hätte ich ihm in dieser Nacht meinen Traum erzählen und richtig mit ihm reden können.

Solche Nachrichten kamen in den folgenden Kriegsjahren noch zweimal, als der Mann meiner ältesten

Schwester in Rußland gefallen war und als mein ältester Bruder in Rußland »vermißt« wurde und auch später nie mehr nach Hause kam. Jedesmal hatte ich Angst, daß Mama es buchstäblich nicht überleben würde, daß sie erstarren und zur Vogelscheuche werden könnte, wie ich es im Traum gesehen hatte. Als die Nachricht kam, daß Georg in amerikanische Gefangenschaft geraten war, da war das eine Freudennachricht für das ganze Haus, was ich noch nicht begriff. Meine ältere Schwester erklärte mir dann, daß Georg auf diese Weise gute Aussichten habe, den Krieg zu überleben und eines Tages, wenn alles vorbei sei, wieder nach Hause zu kommen. – Und so kam es dann auch. Als einziger von den drei älteren Brüdern und zwei Schwägern kehrte Georg nach dem Krieg nach Hause zurück. Es war keine reine Freude. Seine Heimkehr erinnerte zu sehr an das Ausbleiben der vier anderen.

Tante Lene

Tante Lene, die Schwester von Papa, stand morgens immer zuletzt auf. Mama konnte das wohl nicht gut haben. Sie mußte immer zuerst raus und Frühstück machen für Papa und die großen Brüder und Schwestern, die nach Gütersloh zur Arbeit mußten. Tante Lene konnte länger schlafen. Sie war immer ein bißchen krank. Sie hatte einen Herzfehler, einen steifen Arm, ein offenes Bein und einen verkrüppelten Fuß. Deswegen hatte sie auch nicht heiraten dürfen. Sie sollte keine neuen Krüppel in die Welt setzen. Man hatte ihr nicht mal erlaubt, einen Verehrer zu haben. Als sie sich trotz Verbot einmal im Tengerschen Busch mit Siekhänskens Franz getroffen hatte, da haben der Opa und die älteren Brüder mit dicken Knüppeln eine Treibjagd auf die beiden gemacht, haben sie am Wühlbachknick in die Enge getrieben, haben den Franz und die Lene jämmerlich verprügelt, bis der Franz in seiner Not in den Wühlbach gesprungen ist mit seinem guten Anzug und auf der anderen Seite im Unterholz verschwinden konnte. Lene ist dann auf einmal umgefallen, und die großen Brüder mußten sie nach Hause tragen, obwohl sie fluchten und schimpften und sagten, das sei alles nur Mache. So ist Tante Lene dann für immer bei Papa geblieben, als Opa gestorben war.

Mama sah sie morgens immer schräg von der Seite

an, wenn sie erst um 7 oder 8 Uhr aufstand. Sie dachte wohl auch, daß der Herzfehler nur Mache war. Das offene Bein und den verkrüppelten Fuß konnte man natürlich nicht bezweifeln, aber deswegen mußte man ja nicht unbedingt länger im Bett liegen. Sie brauchte dann ja sowieso immer noch Zeit genug zum Wickeln und Verbinden des Beins. Das machte Tante Lene jeden Tag ausgiebig und so, daß es jeder sehen konnte. Das Bein sah komisch aus, besonders im Winter. Blau, lila, rot, gelb, grün. Ein schönes Regenbogenbein, sagte der Doktor, der gelegentlich mal vorbeikam. Tante Lene kriegte dann jedesmal einen roten Kopf und rote Flecken am Hals. Schwere Arbeiten konnte sie natürlich nicht machen. Kuhmelken, Mistschmeißen, Kartoffelnauskratzen, sowas mußte alles Mama machen. Tante Lene machte die feineren Sachen: Knöpfe annähen, Strümpfe stricken, Fötzeln nähen, die Namen aussuchen für den alljährlichen Nachwuchs, den schon etwas größeren das Vaterunser und Gegrüßt-seist-du-Maria beibringen, sowas machte Tante Lene. Klar, daß Mama nicht gut auf sie zu sprechen war. Aber auch Tante Lene war nicht gut auf Mama zu sprechen, denn immerhin brachte Mama die Kinder zur Welt, für die Tante Lene nur die Namen aussuchen konnte. Sie hatten oft Streit, sagten tagelang kein Wort oder gifteten sich an. Einmal sagte Tante Lene ziemlich überraschend. »Broukes di nix up inbillen, dat du bi Hinnerk schlaopen kanns. Ik hä dr ähr met in'n Berre lägen osse du.« Komisch, daß Tante Lene sowas sagte. Im alten Höisken hatten drei, vier Kinder in einem

Bett geschlafen. Das war nichts Besonderes. Warum sagte Tante Lene sowas und lachte gellend hinterher? Und warum sprach Mama lange Zeit nicht mehr mit Tante Lene? Es war schon drückend genug, wenn Papa nichts sagte. Wenn aber Mama und Tante Lene auch nichts mehr redeten, dann war es richtig düster im Haus, und ich stieg öfter auf den Strohboden, wo es in den Ecken knisterte wie im Roggenfeld an warmen Sommertagen.

Brombeeren und Bullenhörner

Hannas Arme waren zerkratzt bis oben hin. Ein Netz von roten Fäden zog sich von den Fingerspitzen bis in den Halsausschnitt. Hanna wand sich unbekümmert in die Brombeersträucher hinein, um die großen schwarzen Beeren zu erreichen, die ganz oben oder tief drinnen hingen. Das waren die reifsten und saftigsten und süßesten. Die Beeren, die bequem zu haben waren, wurden von den Rentnern schon morgens früh gepflückt, wenn die Sonne kaum aufgegangen war. Sie waren noch halbrot und schmeckten nicht halb so gut wie die schwer erreichbaren. Hanna war ganz versessen darauf, just die Beeren zu erwischen, die andere nicht erreicht hatten. Und wenn sie sich an einen Strauch mit besonders prallen Früchten herangearbeitet hatte, dann warf sie die gesammelten Beeren nicht alle in den Eimer, wie die meisten Pflücker das taten, nein Hanna schob sich zwischendurch immer wieder eine Handvoll in den Mund, preßte die Früchte zwischen Zunge und Gaumen mit solcher Wonne, daß ihr manchmal ein wenig dunkler Saft aus den Mundwinkeln lief. Dabei gab sie mit geschlossenem Mund seltsame Grunzlaute von sich und bewegte den Unterkiefer genüßlich auf und ab, während ihre Hände sich schon zum nächsten Strauch durcharbeiteten.

Es gab herrliche Brombeersträucher am Rande von Hossems Bullenweide. Vor dem Weidezaun mit dicken

Eichenpfählen und dreifachem Stacheldraht machten die Rentner und überhaupt alle Brombeerpflücker halt, denn wer auf dem Lande groß geworden ist, der weiß, daß man den Bullen nie trauen kann, auch wenn sie noch so friedlich grasen oder dösend im Schatten liegen und gemächlich alle Viere von sich strecken. – Hanna war auf dem Lande groß geworden. Aber an diesem schönen Septembertage... Es war spätsommerwarm und sonnig. Ein sanfter Milchschleier über Feldern und Wiesen und Büschen. Es war sehr still. Nicht einmal die zappeligen Pappelblätter bewegten sich. Hanna stand vor der Bullenweide. Sie schaute zur Brombeerhecke hin, die ganz schwarz war von großen reifen Früchten. Dann schielte sie zu den Bullen hinüber, die am anderen Ende der Weide unter einer großen Kiefer lagen, friedlich wie der milde Septembertag. Nur aus den Augenwinkeln heraus sah Hanna zu den Bullen rüber, als ob die es nicht haben könnten, wenn man sie geradeheraus anschaute. Eine Weile wanderten ihre Blicke zwischen Brombeeren und Bullen hin und her. Dann sagte sie: »Du bleibst hier und rufst, wenn sie kommen!« – Dann band sie die rote Schürze ab, legte sich ins Gras, um sich unter dem Stacheldraht hindurch zu rollen. »Tu's nicht«, sagte ich. Sie zögerte, sah mich komisch an, zog mich zu Boden und drückte meinen Kopf an ihre große weiche Brust. Das tat sie sonst nur, wenn ich meine Blechdose voller Brombeeren in ihren Eimer auskippte. Das war es, weswegen ich so gern mit Hanna zum Brombeersuchen losging. So im Grase liegend hatte sie mich noch nie an sich gedrückt. Sie sah mich eine ganze

Weile ziemlich komisch an. Dann blinzelte sie wieder zu den Bullen hinüber. »Tu's lieber nicht«, sagte ich. »Du kannst ja aufpassen«, sagte sie, schob mich beiseite und rollte sich unter dem Stacheldraht durch auf die Bullenweide. Drüben blieb sie zuerst still liegen und schielte wieder zu den Bullen hinüber. Als die unter dem milden Milchschleier des Septembertages ruhig blieben, erhob Hanna sich langsam und schlich in gebückter Haltung zur Brombeerhecke.

Die erste Handvoll schwarzer Beeren steckte sie sich in den Mund, gab die üblichen Grunzlaute von sich und grapschte nach den dicht an dicht herunterhängenden Brombeeren. Dornen schien sie gar nicht zu spüren. Sie griff in die Vollen, als ob sie Weintrauben vor sich hätte. Mit Hanna ging ich am liebsten zum Brombeerensuchen, obwohl Mama das nicht gut haben konnte. Von den anderen Nachbarsfrauen bekam ich einen Groschen oder ein Stück Kuchen, wenn ich tüchtig pflücken half. Sowas gab es bei Hanna nicht. Sie schaute mich nur komisch an, wenn ich meine Blechdose wieder voll Brombeeren hatte. Und wenn ich die Dose in ihren großen Eimer gekippt hatte, drückte sie meinen Kopf kurz an ihre Brust und sagte: »Du bist ein netter Junge«. Und ich machte mich eifrig daran, die Dose wieder voll zu kriegen. Dabei war ein Groschen viel Geld für mich, und ein Stück Kuchen gab es bei uns zuhause nur zu Weihnachten. Trotzdem, das war soviel wie nichts gegen Hannas Brust. Und wenn sie ein Kleid mit großem Ausschnitt anhatte, war es noch schöner. Ich hätte nicht nur eine Blechdose sondern einen ganzen großen Milcheimer voll Brombeeren gepflückt für diese kurze Seligkeit, an ihre Brust gedrückt zu werden und ihre weiche Haut auf meiner Backe zu spüren. An diesem warmen Septembertag hatte sie ein Kleid mit großem Ausschnitt an. Ich beobachtete, wie sie sich mit vorgewölbter Brust in die Brombeerhecke hineinschob, um auch die höchsten und die verstecktesten Beeren zu bekommen. Ich malte mir aus, wie es wäre, wenn der Kleidausschnitt noch größer wäre oder wenn sie einfach losknöpfen würde, wie eine Mutter, die ihr Kind an die Brust nimmt. Da stand ein großer Bulle hinter ihr und kratzte mit den Vorderfüßen den Boden auf, daß ihm die Grasbüschel unter den Bauch flogen. Ich brachte kein Wort heraus. Das war vielleicht auch besser so. Man durfte nichts tun, was den Bullen reizen könnte. Hanna hatte noch nichts gemerkt, sie drückte sich in die Dornen hinein, grapschte nach den Beeren, schob sich eine Handvoll in den Mund und brachte wieder den Grunzlaut des Wohlbehagens hervor. Der Bulle hörte auf zu kratzen, senkte den Kopf und stieß ein Gebrüll aus, das ich nie vergessen werde: tief brodelnd fing es an und kippte dann plötzlich um in einen merkwürdig hellen Schluchzer, der zu dem massigen Tier mit dem dicken Nacken überhaupt nicht paßte. Hanna sah sich um und rannte sofort auf den Stacheldraht zu, auf mich zu. Aber wie eine Rakete vorstoßend hatte der Bulle sie mit wenigen Sätzen erreicht und stieß sie zu Boden. Hanna schrie auf: »Hölpe! Hölp mi!« Da drückte ihr der Bulle seinen Kopf in den Bauch, und sie wurde still. Dann wandte er sich dem Brombeereimer zu und drückte auch den zusammen. Der Brombeersaft quoll heraus und floß über Hannas Hand, die mit zusammengekrallten Fingern noch immer nach Brombeeren zu grapschen schien.

Ich rannte nach Hause. Papa griff sofort die große Mistforke und schwang sich aufs Fahrrad. »Segg de annern Bescheid«, rief er noch zurück, dann war er schon hinter den Fichten verschwunden. Ich sagte schnell im Haus Bescheid und lief hinter Papa her. Ich wollte sehen, wie er dem Bullen, der Hanna den Bauch eingedrückt hatte, mit der Mistforke zu Leibe rückte. Aber als ich zur Bullenweide kam, war der Bulle weg. Er hatte sich wieder zu den anderen begeben, die friedlich wiederkäuend unter der großen Kiefer lagen, harmlose Grasfresser, die keinem was zuleide taten.

Papa steckte die Forke ins Gras, packte Hanna bei den Füßen, zog sie unter dem Stacheldraht durch und brachte sie so in Sicherheit. Hanna aber konnte nicht mehr aufatmen. Sie starrte reglos in den Himmel. Papa schaute eine Weile auf den plattgedrückten Bauch von Hanna, dann kniete er nieder und fühlte ihr den Puls, dann drückte er ihr die Augen zu. Das Auto des Doktors kam mit einer Staubwolke über den Birkenweg herangebraust. Nach kurzer Untersuchung sagte der Doktor: »Sie braucht nicht mehr ins Krankenhaus.« Dann ging er zu seinem Auto und fuhr ohne Staubwolke wieder weg.

Es kamen noch viele Leute angelaufen, die ich zum Teil nicht einmal kannte. Sie mußten von Bunnerwiehe über den Dalkebach gekommen sein. Sie standen alle im Halbkreis um Hanna herum und starrten auf den plattgedrückten Leib. Durch den Menschenauflauf angelockt, trotteten drüben die Bullen heran, teils sanft muhend, teils bedrohlich dumpf brüllend. Vor dem Stacheldrahtzaun blieben sie stehen und schnüffelten an dem plattgedrückten Brombeereimer herum. »Welcher ist es gewesen?« wollten die Leute von mir wissen. Ich sagte: »So'n Großer mit nem hohen dicken Nacken«. »Wecker is't wän?« sagte Papa und schnappte die Mistforke. Aber die Bullen waren alle fast gleich groß und hatten alle einen dicken Nacken und waren alle rotbunt mit weißen Flecken auf der Stirn. Ich zeigte suchend auf diesen und jenen und ließ den Finger wieder sinken. Ich konnte den Mörder nicht herausfinden. Keiner fragte, warum Hanna tot war und ich noch lebte. Wir hatten doch zusammen Brombeeren gepflückt.

Großehagenbrock kam mit dem Lakenwagen, mit dem er sonst die Eier von den Bauern holte und nach Bielefeld zum Markt brachte. Vier Männer packten Hanna an Armen und Beinen und schoben sie von hinten auf den Wagen. Ich konnte noch sehen, daß ihre Brust ganz heil war. Der Wagen fuhr ab. Die Leute trotteten hinterher. »So geht's, wenn man den Rand nicht voll kriegen kann«, sagte der Rentner Hansmann, der jeden Morgen, sobald die Sonne aufging, mit dem Brombeereimer loszog.

Um mich kümmerte sich keiner. Es hätte doch einer fragen müssen, warum Hanna tot war und ich noch lebte. Man wußte doch, daß wir zusammen Brombeerpflücken gegangen waren. Niemand fragte mich, und ich konnte niemandem sagen, wie es eigentlich gekommen war. Ich wollte es durchaus sagen. Dabei wußte ich selber nicht, wie es eigentlich gekommen war. Die Bullen lagen friedlich unter der Kiefer im Milchdunst, und doch stand plötzlich einer hinter Hanna und stieß sie zu Boden und setzte seine breite Stirn mit den dicken Hörnern auf ihren Leib. Ich ging nach Hause. Die Sonne schien immer noch mildwarm durch den Septemberschleier. Aus dem Wässelbusch an der Dalke schoben sich Nebelwände vor. Papa stand mit einigen Nachbarn vor der Haustür unter dem Pfundbirnenbaum. Er lehnte sich auf die Mistforke und sagte: »Ik he em de Furken in'n Ballig jaget, wenn ik den Döiwel haroutkriegen he«. Ich schlich mich durch die Stalltür ins Haus, weil ich Angst hatte, daß Papa mich nochmal fragen würde, welcher es gewesen sei.

Abends um acht ging es zum Rosenkranzbeten in Hannas Haus. Der für uns im Garten Blut geschwitzet hat – der für uns im Garten Blut geschwitzet hat – der für uns im Garten ... Ich hatte mich hinter dem Kleiderschrank ganz in die Ecke gestellt. Aber Papa schob mich nach vorn. Hinten an der Wand durften nur die Großen stehen. Genau wie in der Kirche. Die Kleinen mußten nach vorn. Weil wegen des ungewöhnlichen Todesfalles viele Nachbarn zum Rosenkranzbeten gekommen waren und weil die Kammer ziemlich klein war, mußte ich direkt vor Hannas Bett stehen. Hanna war schön und lag im milden Kerzenlicht so friedlich da, wie am Nachmittag die Bullen unter dem Dunstschleier des sonnigen Septembertages im Grase gelegen hatten. Von dem plattgedrückten Bauch konnte man nichts mehr sehen. Ob sie ihr Heu unter das Hemd gestopft hatten? Oder Stroh? Das weiße Laken war von der Brust bis zu den Knien ganz gerade und glatt. Hannas Gesicht war gelb. Von den Mundwinkeln herunter lief ein dunkler Streifen. Den Brombeersaft hatten sie wohl nicht ganz abgekriegt, als Hanna zum letzten Mal feingemacht wurde. Durch das dumpfe Gemurmel der Rosenkranzbeter – der für uns im Garten Blut geschwitzet hat – Heilige Maria Mutter Gottes – jetzt und in der Stunde unseres Todes – glaubte ich auf einmal den wohligen Grunzlaut von Hanna hindurchzuhören, den sie von sich gab, wenn sie die Brombeeren im Munde zerdrückte. Ich starrte auf den Unterkiefer. Aber er bewegte sich nicht. Hanna lag ganz still und friedlich. Sie hatte offenbar nichts dagegen, so daliegen zu müssen. Sie konnte nicht böse auf mich sein. Aber manchmal verzog sie doch plötzlich ein bißchen das Gesicht, so als ob sie noch was zu sagen hätte. Dann flackerte auch die Kerze am Kopfende sehr unruhig. Ich wäre gern ein bißchen weiter zurückgetreten, aber hinter mir standen die Nachbarn wie eine Mauer, und es war keine Lücke in der Mauer. Und vor der Tür stand Papa. Der Rosenkranz war endlos. »... der für uns im Garten Blut geschwitzet hat, ... der für uns ist gegeißelt worden, ... der für uns ist mit Dornen gekrönt worden, ... der für uns das schwere Kreuz getragen hat«. – Aber schließlich kamen doch die letzten zehn Gegrüßt-seist-du-Marias dran: »... der für uns ist gekreuziget worden.« Beim »Ehre sei dem Vater« drehte ich mich schon halb zur Tür um, da fing die Vorbeterin auch noch den »glorreichen Rosenkranz« an: »... der von den Toten auferstanden ist«. Die Kerze flackerte immer stärker, und Hannas Gesicht wurde immer unruhiger. Ihr Mund zuckte richtig. Und das dumpfe Rosenkranzgemurmel war wie ein Rumoren unter der Erde.

Hinterher konnte ich lange nicht einschlafen. Ich hatte schon mehrfach das Gutenachtgebet wiederholt, aber jedesmal wenn ich so langsam einduselte, sah ich von oben herab einen Bullenkopf mit dicken Hörnern auf mich zukommen. Der Kopf war groß und breit und wurde immer breiter, je tiefer er herabkam. Im letzten Augenblick sprang ich dann aus dem Bett, wurde richtig wach und legte mich wieder hin, weil es ja nur ein Traumbild gewesen war.

Luzia oder Die Teufelsaustreibung

In den Ferien war ich manchmal ein paar Tage bei Onkel Eberhard und Tante Dora. Da war nur ein Kind im Haus: Luzia. Ich war nicht gern bei Onkel Eberhard. Aber ab und zu mußte einer von uns dahin, damit Luzia nicht immer so allein war. Tante Dora machte sich Sorgen um Luzia. Sie war dünn und spillerig und sehr blaß. Und seit man an ihrer Bluse richtig sehen konnte, daß es ein Mädchen war, fiel sie manchmal einfach um, krümmte sich wie ein Igel oder streckte sich ganz lang aus, verdrehte die Augen und hatte manchmal Schaum vorm Mund. Dabei redete sie meist verrücktes Zeug. Das war eigentlich nichts Aufregendes mehr, weil es schon öfter passiert war.

Diesmal war es beim Abendessen. »Ich mag nichts«, sagte Luzia. »Du ißt auf, was ich dir auf den Teller gegeben habe«, sagte Tante Dora, »du siehst sowieso schon aus wie der Tod.« Da wurde Luzia noch blasser als blaß, kippte zur Seite und fiel unter den Tisch. Tante Dora schimpfte: »Jetzt fängt sie auch noch mit dem Theater wieder an.« Sie hob die Luzia auf und legte sie auf das Sofa. Da lag die Luzia wie ein Brett, den Kopf hatte sie nach hintenüber gereckt. Sie redete wirres Zeug. Einige Brocken konnte man verstehen: Wer mein Fleisch ißt und mein Blut trinkt – Dominus vobiscum – du Schweinigel – Dominus vobiscum –

wenn ihr von diesem Baume esset – du Suge, du Undöiwel – so werden euch die Augen aufgehen – Ite missa est – Ite missa est. So ein verrücktes Zeug redete Luzia. Tante Dora war jetzt selber ganz blaß geworden. »Sie hat noch nie Latein geredet«, sagte sie. »Mein Gott, sie ist vom Teufel besessen.« Sie nahm den Weihwasserpott von der Wand und sprengte Luzia Weihwasser ins Gesicht. Da fing Luzia an zu fluchen: »Herr Gott verdammich – verdammte Schiete – Himmel sakra – Dominus vobiscum – verfluchter Mist.« Da nahm Tante Dora den Weihwasserpott und kippte ihn aus über Luzias Kopf. Die schüttelte sich, war auf einmal nicht mehr steif wie ein Brett und redete kein verrücktes Zeug mehr. »Was guckt ihr mich so an«, sagte sie nur. Tante Dora lächelte erleichtert. Aber dann verfinsterte sich ihr Gesicht. Sie nahm auf einmal die Schürze vor die Augen und lief aus dem Zimmer.

Später als ich im Bett war, hörte ich, wie sie in der Küche heulte und dem Onkel Eberhard erzählte, daß Luzia vom Teufel besessen sei. »Passerlatant«, sagte Onkel Eberhard, »mi is miliawe na kenn Döiwel üawern Wäg laupen.« Aber Tante Dora ließ sich nicht beruhigen. Luzia habe zuerst mit Flüchen auf das Weihwasser reagiert. Aber dann habe die Kraft des Weihwassers doch den Teufel vertrieben. Aber sicher nur vorübergehend. Man könne das Kind ja nicht dauernd unter Weihwasser setzen. Und es gebe noch einen weiteren Beweis für die Besessenheit. Das Mädchen habe Lateinisch geredet, sagte sie, und der Pater Damianus habe in der letzten Volksmission gesagt, daß vom Teufel Besessene auf einmal in fremden Sprachen reden könnten. Das sei ein untrügliches Zeichen für die Besessenheit. »Quaterigge«, sagte Onkel Eberhard, »ik köire auk manges hauchdöitsch, ohne dat de Luzifär dao ächter sitt.« »Ji Mannslöie glaiwet jä sowiesou an nix«, sagte Tante Dora und heulte weiter. Sie jammerte noch allerhand vor sich hin, was ich nur halb verstand. Sie habe es ja damals gleich gesagt, daß nichts Gutes dabei herauskommen könne, als er am Festtag der Unbefleckten Empfängnis mit Gewalt über sie hergefallen sei, statt vor dem Einschlafen zusammen den Rosenkranz zu beten. Sie habe es schon immer geahnt, daß mit dem Kind von Anfang an etwas nicht in Ordnung gewesen sei, und habe es schon deshalb besonders vorsichtig und sorgfältig erzogen. Aber alles sei vergeblich gewesen, wie sich jetzt ganz deutlich herausgestellt habe. Und dann heulte sie weiter, und ich verstand nichts mehr.

Das mit der »sorgfältigen Erziehung« stimmte. Das hatte ich bei früheren Besuchen selber mitgekriegt. Wenn Luzia samstagsnachmittags ins Küben gesteckt wurde, mußte sie den Schlüpfer anbehalten. Nur wenn sie aufs Töpfchen mußte, durfte sie den Schlüpfer herunterziehen. Aber dann mußte das Röckchen oder das Nachthemd drumherum hängen. Onkel Eberhard machte manchmal seine Witze darüber. Einmal hörte ich, wie er zu einem Nachbarn sagte, daß die Tante Dora selber auch noch nie freiwillig den Schlüpfer ausgezogen habe. Und sie gehe auch nur ungern ins Bett. Das stimmte. Tante Dora saß abends oft allein in der

Küche hinter der Nähmaschine, wenn Onkel Eberhard schon längst ins Bett gegangen war. Sie nähte aber nicht, sondern schlief auf dem Stuhl. Das hatte ich selber öfter gesehen, wenn ich in den Ferien ein paar Tage da war und nachts zum Pinkeln aufstehen mußte. Besonders gut schien Tante Dora aber auf dem Stuhl hinter der Nähmaschine nicht zu schlafen. Sonst wäre sie tagsüber nicht immer so müde gewesen. Kaum daß sie irgendwo auf einem Stuhl saß, fielen ihr auch schon die Augen zu. Und das nicht nur, wenn sie allein war. Auch bei Nachbars- oder Verwandtenbesuchen fiel ihr oft der Kopf weg, wenn es eine kleine Pause im Gespräch gab. Onkel Eberhard witzelte dann: »Wecker nachts ächter de Naihmascheinen Rausenkränze bät, de mott bidage schlaopen«. Sie schlafe doch nicht, entgegnete Tante Dora dann immer empört. Man könne doch mal die Augen zumachen. Und außerdem bete sie keine Rosenkränze hinter der Nähmaschine, sondern sie habe immer so viel zu nähen.

Mit Luzia wurde es immer schlimmer. Sie wurde zwar größer, aber immer noch spilleriger und blasser, zuletzt wurde sie gelb. Es passierte immer häufiger, daß sie umfiel und verrücktes Zeug redete. Tante Dora klagte, daß das Weihwasser gar nicht mehr helfe, und auch das Lourdes-Wasser, das Tante Stina ihr besorgt hatte, habe völlig versagt. Luzia habe nur noch schlimmere Flüche ausgestoßen und noch mehr Latein geredet und dazu eine Sprache, die sie noch nie in ihrem Leben gehört habe. Onkel Eberhard hatte ein anderes Heilmittel ausprobiert. Als Luzia wieder mal umgefallen war und freche Flüche ausstieß, legte er sie auf den Bauch und vertrimmte ihr mit einem kräftigen Stock den Hintern. Als er sah, daß dieses Mittel auch nicht mehr half als Lourdes- und Weihwasser, erklärte er das Ganze zur Weibersache und hielt sich von da an aus der Geschichte heraus. Luzia konnte kaum noch etwas essen und lag fast den ganzen Tag im Bett. Dafür lief sie oft nachts im Haus herum, besonders in hellen Mondnächten.

Als die Sache immer schlimmer wurde, da hat die Tante Dora zuletzt den Pater Damianus bestellt, von dem es hieß, daß er etwas von Teufelsaustreibungen verstehe. Die Sache mußte aber geheim bleiben, weil der Pater Damianus nicht die für Teufelsaustreibungen notwendige spezielle Erlaubnis des Bischofs besaß. Nur ganz untadelige und heiligmäßig lebende Priester erhielten vom Bischof die Austreibungsbefugnis, weil der auszutreibende Teufel imstande war, dem Austreiber laut und deutlich alle Sünden seines Lebens vorzuhalten, was bei normalen Geistlichen natürlich sehr peinlich werden konnte. Pater Damianus aber hatte Mut genug, auch ohne bischöfliche Ermächtigung die Teufelsaustreibung vorzunehmen. Der Pastor war über das Vorhaben informiert, wollte aber offiziell von der Sache nichts wissen, weil man sonst extra den Austreiber aus Münster hätte kommen lassen müssen, und das war mit Unannehmlichkeiten verbunden, z. B. mit ausführlichen schriftlichen Berichten an das Generalvikariat. Daß sowas ausgerechnet in seiner Gemeinde vorkam, war schon unangenehm genug. Man mußte den Bischof ja auch nicht mit jedem Problem aus der Provinz belasten.

Jedenfalls wurde Pater Damianus bei Nacht und Nebel von Rietberg herangeholt. Mit einem schwarzen Köfferchen soll er in Luzias Schlafkammer gegangen sein. Weiter weiß man nichts Genaues, weil niemand sonst im Zimmer bleiben durfte. Auch Tante Dora mußte raus, nachdem sie sieben geweihte Kerzen angesteckt hatte. Dann hat Pater Damianus der Luzia den Teufel ausgetrieben. Dabei ist die Luzia dann gestorben. Tante Dora war sehr gefaßt. »Gottseidank war ja gleich ein Priester zur Stelle«, sagte sie, »der ihr noch schnell die letzte Ölung spenden konnte, solange sie noch warm war.« – Onkel Eberhard sagte nichts.

Der Beichtstuhl

In unsrer Kirche, in der sonst alles in die Breite ging, hatten die an den Seitenwänden eingebauten Beichtstühle spitze Dächer. Sie zeigten nach oben. Hier war der Ort, von dem aus es aufwärts gehen sollte, der Startplatz zum Himmel, wo man alles abstreifen konnte, was niederdrückend, verunreinigend, befleckend, vergiftend war, der Ort, wo der befreiende Höhenflug seinen Anfang nehmen konnte. Der Beichtstuhl war eine Art Fahrstuhl zur ewigen Seligkeit.

Aber wer beichten wollte, kam nicht in den ›Fahrstuhl‹ hinein. Er konnte sich nur außen anklammern, ausgesperrt durch Gitter und Glashaut. Drinnen saß der Unnahbare der mit dem Zauberspruch »Ego te absolvo« die Macht hatte, selig zu sprechen und zu verdammen. Als ich ein bißchen Latein gelernt hatte, erfuhr ich, daß das ›Ego‹ in diesem Zauberspruch eigentlich völlig überflüssig war, weil das Ich schon in ›absolvo‹ drinsteckte. Und wenn der Beichtvater sich aufplusterte und sein herrisches ›Ego‹ zum Angelpunkt der Erlösung machte, dann war das Kirchenlatein.

Daß hilflose Kinder und ängstliche Frauen sich an den Fahrstuhl zum Himmel klammerten, schien mir nicht weiter verwunderlich. Aber daß ausgewachsene Männer, und zwar auch solche Kraftknubben wie mein Papa sowas mitmachten, das konnte ich nicht begreifen. Verglichen mit meinem Papa, der einen riesigen Heuwagen ziehen konnte, wenn uns der Bauer das Pferd nicht leihen wollte, der Bäume ausreißen konnte, wenn der Dalkebach sich z.B. an einer Stelle zu weit in unsere Wiese hineinfraß, weil auf der anderen Seite eine Erle im Weg stand, Papa, der eine ausgewachsene Kuh glatt umschmeißen konnte, wenn sie ihm auf dem Weg zum Bullen weglaufen wollte, Papa, der den Müller auslachte, wenn der den Flaschenzug benutzen wollte, um den Roggensack von der Schubkarre hochzukriegen – sowas machte er mit einer Hand –, verglichen mit Papa waren die Pastöre und Vikare und Patres, die hinter dem Beichtstuhlgitter saßen, doch nur aufgepustete Schweineblasen. Und man hätte nicht die großen Stricknadeln der Roggenmuhme dazu gebraucht, diese Schweineblasen platzen zu lassen, dazu hätten schon die ganz normalen Stricknadeln von Tante Lene gereicht. Da ich in der Kirche oft genug gesehen hatte, was für eine klägliche Figur Papa machte, wenn er halb knieend halb stehend an dem Beichtstuhlgitter hing, hatte ich einfach Angst, als ich zum ersten Mal vor der Erstkommunion beichten mußte. Wenn der starke Papa hier schon so klein gemacht wurde, was würde dann erst mit mir geschehen, der ich doch sowieso noch klein und schwach war. Aber ich war mit meinen neun Jahren immerhin schon so groß, daß ich imstande war, ungeheuerliche Schuld auf mich zu laden und Todsünden zu begehen, die nur durch ewige Höllenstrafen gesühnt werden konnten, wenn man nicht durch das gnädige Zauberwort des Beichtvaters mit dem strengen Weltenrichter versöhnt wurde. Das hatte uns der Vikar im Beichtunterricht in vielen Stunden eingehämmert und er hatte uns mit phantasievollen Schilderungen vom Weltuntergang, vom Jüngsten Gericht und von ewigen Höllenqualen eingeschüchtert. Man mußte unbedingt alles beichten und durfte um Himmelswillen nichts vergessen. Sonst war ja alles vergeblich.

Ich kam mit der Gewissenserforschung nicht zu Rande. Um sicher zu gehen, hatte ich die Sache schon schriftlich gemacht. Aber wer gab mir die Garantie, daß mir wirklich alles einfiel, was ich in einem jahrelangen Sünderdasein alles angestellt hatte. Und wie sollte ich die Zahl der Sünden einigermaßen treffend angeben. Schon bei den harmloseren Sünden – Anrichten von Schäden in Wald und Flur – war es schwierig, Ausmaß und Gewicht der Verfehlungen genau anzugeben. Wieviel Roggenkörner weniger hatte zum Beispiel Bauer Ottovordemgentschenfelde geerntet, weil ich quer durch sein Roggenfeld gelaufen war, als der bissige Harro hinter mir her war? Wieviel Brotschnitten hätten aus diesen Körnern gemacht werden können? Noch schwieriger war die Ermittlung des Schadens, den ich durch das Pfeileschneiden in den umliegenden Wäldern und Büschen angerichtet hatte. Es gab Zeiten, da hatte ich an die fünfzig Pfeile im Köcher. Zwar war ich bemüht, die abgeschossenen Pfeile wieder aufzulesen, aber das war natürlich nicht immer möglich, und so mußte für Nachschub gesorgt werden aus den umliegenden Büschen. Angenommen ich hätte rund hundert Stöcke abgeschnitten, um Pfeile daraus zu machen, so konnte ich schon dadurch einen riesigen Schaden angerichtet haben, denn aus den Stöcken hätten ja Bäume werden können, und wie teuer hundert dicke Eichen oder Eschen sein mochten, das wagte ich mir kaum auszurechnen. Das würde ich nie wiedergutmachen können. Es war zum Verzweifeln, denn in solchen Fällen war es ja mit dem Sündenbekenntnis nicht getan. Man mußte ja auch den angerichteten Schaden wiedergutmachen, wenn man der Hölle entgehen wollte. Wo aber sollte ich hundert Eichen hernehmen.

Schier unüberwindlich wurden die Schwierigkeiten, wie ich meine Verfehlungen gegen das Gebot aller Gebote, nämlich gegen das 6. Gebot formulieren sollte. Und wo waren die Grenzen? Was war noch eben erlaubt, wo fing bereits die läßliche Sünde an, und wo begann die Todsünde?

Jede unnötige Berührung unkeuscher Körperteile ist schwere Sünde, hatte der Vikar gesagt. Aber wo genau fingen die unkeuschen Körperteile an? Die Knie durfte man noch anfassen. Das war klar. Zumindest seine eigenen. Aber wie war das mit den Knien eines Mädchens? Durfte man die auch noch anfassen oder begann bei den Mädchen die unkeusche Zone schon tiefer als bei den Jungen, etwa an den Waden? Es gab da große Unterschiede. Die Brust eines Jungen durfte man berühren, nicht aber die Brust eines Mädchens. Warum? Wieviel Zentimeter über dem Knie begann bei einem selber das unkeusche Gebiet?

Fragen über Fragen! Und wann war die Berührung

nötig und wann war sie unnötig? Wenn ich zum Beispiel pinkeln mußte, stellte ich mich in die Tür zum Kuhstall oder draußen unter den Birnbaum. Dabei mußte ich mein Ding natürlich anfassen, sonst hätte ich mir ja in die Holzschuhe gepinkelt. Aber war dieses Anfassen wirlich nötig? Ich hätte mich ja auch wie die Mädchen zum Pinkeln auf den Lokus setzen können. Dann hätte ich den Pillermann gar nicht direkt anzufassen brauchen. Es stand also fest. Ich hatte mein Ding 3 oder 4 oder 5 mal am Tag unnötig angefaßt. Das machte im Jahr: 360 · 5 = 1800. Eine entsetzliche Zahl von Todsünden im Jahr. Nun war ich aber schon 9 Jahre alt. 2–3 Jahre konnte man davon wohl abziehen. Da lag man ja noch in den Windeln oder wurde aufs Töpfchen gesetzt. 9 – 3 = 6. Blieben aber 1800 · 6 = 10800. Es war schrecklich. Über 10000 Todsünden schon allein wegen des unnötigen Anfassens beim Pinkeln. Es war aussichtslos, Gnade zu finden bei solchen Zahlen. Allmählich wurde mir klar, warum die Qualen der Hölle so vielfältig sein mußten, wenn es doch Sünder mit einem so unübersehbaren Sündenregister gab. Wie sollte man sie sonst gerecht bestrafen.

Bei der Beichte hat mich der Vikar dann sehr beruhigt. Als ich die Zahl 10800 nannte, wollte er wissen, wieso und warum. Und als ich ihm erklärt hatte, wie ich die Zahl errechnet hatte, sagte er, das Anfassen zum Wasserlassen sei keine Sünde, nicht mal eine läßliche Sünde. Da war ich nun doch sehr überrascht, weil er uns doch vorher eingeschärft hatte, daß jede unnötige Berührung unkeuscher Körperteile schwere Sünde sei, und das Pinkeln im Stehen war doch wirklich nicht nötig. Aber er mußte es ja wissen. Und dies glaubte ich ihm gern. In einem anderen Punkt hat er mich allerdings sehr beunruhigt. Er wollte ganz genau wissen, wie das mit dem Ringkampf mit Helmut in der Wäßelwiese war und was für einen besonderen Griff der Helmut mir beigebracht hatte, daß ich ihn aus der Puste bringen konnte. Meine Beschreibung war wohl nicht deutlich genug, denn er sagte, ich müßte nach der nächsten Meßdienerstunde zu ihm kommen, um die Sache zu klären.

Nach der Meßdienerstunde nahm er mich dann mit in die Vikarie und führte mich in sein Sprechzimmer. An der Wand hing ein großer Kruzifixus, der sehr nackt aussah. Nur ein winziges Tuch bedeckte die Stelle, wo ja wohl auch der Jesus so ein sündhaftes Ding haben mußte, obwohl er der Sohn Gottes war. Wozu hätte man ihm sonst ein Tuch davorgehängt! Dieses Kruzifix war ganz anders als die, die ich bisher gesehen hatte. Dieser Jesus hatte enorme Muskeln und er hing nicht einfach schlaff am Kreuz und stand nicht steif auf einem Sockel, dieser Jesus kämpfte, wand sich, bäumte sich auf, zerrte an den Nägeln, die ihm durch Hände und Füße gerammt waren, wobei an den Armen und Oberschenkeln kräftige Muskeln hervortraten. Dieser Jesus schien auch so eine Art Ringkampf zu machen. Sein Gesicht war jedenfalls verteufelt ähnlich dem Gesicht von Helmut, als er sich am Ende des Ringkampfes in der Wäßelwiese im Grase krümmte. – Vor dem Kreuz stand ein Betstuhl, auf dem mehrere Gebetbücher lagen.

Der Vikar war sehr freundlich zu mir. Er sagte, ich müsse ihm genau beschreiben, was ich mit dem großen Jungen in der Wäßelwiese gemacht hätte, sonst könne er nicht beurteilen, wie schwer die Sünde gewesen sei. Das müsse er aber wissen, bevor er mir die Lossprechung erteilen könne. Er setzte sich in einen großen Sessel. Ich konnte nur die hohe Rückenlehne sehen. Der Vikar verschwand völlig dahinter. Er sagte: »Du darfst nichts auslassen und mußt alles ganz genau erzählen. Ihr beiden wart also losgefahren zum Grasholen. Ihr wart allein in der Wiese. Wie ging es dann weiter?« Mir kam die Sache sehr komisch vor. Aber ich erzählte gehorsam alles nochmal. Dabei hatte ich den muskulösen Jesus vor Augen, der sich aufbäumte am Kreuz und in äußerster Anspannung mit dem Tode rang. –

Bei dem Vikar habe ich dann nie mehr gebeichtet. Ich suchte mir lieber andere Beichtväter. Bei ganz schlimmen Sachen fuhr ich meistens in das Nachbardorf, wo mich keiner kannte. Aber ein Fahrstuhl zum wolkenlosen Himmel ist der Beichtstuhl für mich nie geworden. Schon die ewige Angst, irgendeine Sünde in der Beichte vergessen zu haben oder irgendetwas nicht richtig gesagt zu haben, trieb mich dazu, immer wieder auf frühere Geschichten zurückzukommen, die ich vermutlich längst gebeichtet hatte, von denen ich aber nicht mit Sicherheit sagen konnte, daß ich sie nicht vergessen hatte und daß ich sie treffend formuliert hatte, so daß der Beichtvater die Schwere der Sünde richtig einschätzen und dementsprechend die Kraft der

Lossprechung dosieren konnte. Und so kam ich immer wieder zurück auf die hundert Eichen, die ich auf dem Gewissen hatte, auf die vielen Brotscheiben, die ich beim Lauf durch Roggenfelder zertrampelt hatte, auf die fünfzig Pfennig, die ich mir einmal aus der großen bunten Tasse hinten im Schrank genommen hatte, um dafür eine ganze Tafel Schokolade zu kaufen, die ich dann ganz alleine aufgegessen hatte, ich kam immer wieder zurück auf die Doktorspiele, wobei ich einmal meinen Kopf auf die nackte Brust von Irmgard gedrückt hatte und den Helmut aus der Puste gebracht hatte, kam zurück auf das Kuhhüten mit Elfriede, wobei wir unter die Pferdedecke gekrochen waren, kam zurück auf die Schlüssellochguckerei, wenn meine große Schwester in das Zinkküben stieg – ich wollte herauskriegen, wie ein ausgewachsenes Mädchen wirklich aussieht – kam zurück auf tausend Dinge und kam nie zur Ruhe. Es gab keinen befreiten Höhenflug. Vom Fahrstuhl zum Himmel blieb ich ausgesperrt. Ich konnte mich höchstens für ein paar Minuten von außen daran klammern.

Abends vor dem Einschlafen rückten oft die Gegenstände im Zimmer ganz weit weg, und in der Ferne tauchte das lidlose Dreiecks-Auge auf, kam näher und näher und drohte mich jeden Augenblick zu durchbohren. Ich sprang dann auf, kniete vor dem Bett nieder und betete: »Ich bin klein, mein Herz ist rein, soll niemand drin wohnen als Jesus allein.« – Manchmal half das, wenn ich es oft genug wiederholt hatte.

Der Nasenring, der nicht mehr nötig war

Wenn unsere Kuh össig war, das heißt, wenn sie zum Bullen wollte oder mußte, dann benahm sie sich anders als sonst. Sie brüllte andauernd. Das tat sie sonst nur, wenn sie Schmacht oder Durst hatte oder wenn die Milch stach, wenn also das Euter so prall voll Milch war, daß sie damit kaum noch gehen konnte. Wenn sie össig war, klang das Brüllen auch ganz anders, fast wütend, und sie hob das Maul dabei höher als sonst. Sie sah auch anders aus. Während sie sonst immer ziemlich treudoof in die Gegend glotzte, blickte sie wild und zornig umher, wenn sie össig war, und zerrte an der Kette, wenn sie im Stall war, oder rannte am Stacheldraht entlang wie ein junges übermütiges Rind, wenn sie auf der Weide war. Es gab also ziemlich klare Anzeichen für die Össigkeit, also für die Zeit bei der Kuh, wo man sie zum Bullen führen konnte mit der Gewißheit, daß es auch klappen würde. Das ging nicht zu jeder beliebigen Zeit. Die Kuh mußte schon Lust haben, mitzumachen. Sonst stand sie nicht, und der Bulle erreichte nicht das Ziel. Die angekörten Zuchtbullen waren nämlich derart überfüttert, daß sie ihre Sache nur dann schafften, wenn die Kuh bereitwillig stillhielt. – Sonst konnte man unverrichteter Dinge wieder abziehen mit der Kuh und hatte den Weg umsonst gemacht.

Um ganz sicher zu gehen, wenn unsere Kuh wieder mal össig zu sein schien, machte Papa meistens eine Probe. Er führte unsere Kuh mit der des Nachbarn zusammen: Wenn die beiden sich dann nur beschnupperten oder die Köpfe voreinandersetzten, um sich gegenseitig wegzuschieben, dann war nichts los, dann konnte man sich den Weg zum Bullen sparen. Wenn unsere Kuh aber von hinten auf die andere sprang wie ein Stier, dann wußte man, was sie im Sinne hatte, und konnte sicher sein, daß sie dem Bullen die Arbeit nicht schwer machen würde. Also ging es dann sofort los. Papa selber führte die Kuh an der Kette oder an einem dicken Strick. Es war undenkbar, daß Mama das gemacht hätte, obwohl sie es doch war, die sonst immer mit der Kuh umging, sie melkte, fütterte, striegelte und obwohl Mama sonst auch viele schwere Arbeiten machen mußte. Aber die Kuh zum Bullen führen, das war nun mal Männersache. Mag sein, daß Mama es deswegen nicht wagte, weil eine össige Kuh sehr wild werden kann und Mama sie vielleicht nicht hätte festhalten können. Für Papa war das natürlich kein Problem. Er konnte eine Kuh glatt umwerfen, wenn sie weglaufen wollte. Das habe ich einmal selbst gesehen. Sie rollte sogar in den Straßengraben. Bei Papa gab es kein Entrinnen. Er nahm nur einen von uns Kleinen als Treiber mit, der die Kuh mit dem Stock schlagen mußte, wenn sie bockte. Dann ging es schneller.

Als ich zum ersten Mal als Treiber mitdurfte, war ich sehr gespannt darauf, was da passieren würde. Ich wußte nur, daß die Kuh zum Bullen mußte, wenn sie ein neues Kälbchen kriegen sollte, und da ich schon gesehen hatte, daß so ein Kälbchen der Kuh aus dem Hintern gezogen wurde – auch das war komischerweise reine Männersache – mußte der Stier also wohl irgendwie den Anfang des Kälbchens – vielleicht so klein, daß man noch nichts erkennen konnte – in den Bauch der Kuh hineinbringen. Aber wie, darauf war ich gespannt. Auf dem Hof von Ellenbrinker angekommen, brauchten wir uns nicht zu melden. Das besorgte schon unsere Kuh mit ihrem aufgeregten Gebrüll. Der Bulle im Stall antwortete sehr zurückhaltend, fast gelangweilt, als ob er sagen wollte: Ja, ja, hab schon gehört. Mach doch nicht so'n Theater. Bevor Ellenbrinker den Bullen herausholte, schickte er alle Frauen und Mädchen ins Haus. Ich mußte solange in der Scheune verschwinden, fand aber ein Astloch im Scheunentor, durch das ich wenigstens mit einem Auge alles sehen konnte, was sich auf dem Hof vor dem Bullenstall abspielte. Das friedliche Muhen des Bullen schien nichts Aufregendes anzukündigen. Immerhin, die Frauen wurden ins Haus gejagt. So ganz harmlos würde die Sache also doch wohl nicht sein. Als der Bulle dann aber aus der Stalltür trat, war ich doch erschrocken. Das war ein schwarzer Koloß mit einem unheimlich breiten Kopf. Die Hörner waren weniger furchterregend. Aber wozu brauchte dieses schwarze Ungetüm noch Hörner. Mit der blanken Stirn konnte er alles plattdrücken, was sich ihm in den Weg stellte. Den hätte Papa nicht umwerfen können, das war mir klar, soviel ich ihm auch sonst zutraute. Aber Angst hatte Papa nicht vor dem Bullen. Er blieb ganz ruhig bei der Kuh stehen, als der schwarze Koloß sich schwerfällig heranbewegte. Offenbar war der Bulle ziemlich ungefährlich für die Menschen, wenn man ihm eine össige Kuh vor die Nase führte. Auf der Bullenweide ohne eine Kuh an der Leine wäre Papa nicht so stehen geblieben. Das hatte ich einmal selbst gesehen, wie flink er über den Zaun kletterte, als ein Bulle dumpf brüllend mit gesenktem Kopf heranrückte. Auf so einer Bullenweide gab es nur lauter Bullen und keine Kühe. Ob sie deswegen so böse auf die Menschen waren, weil die ihnen die Rinder und Kühe weggenommen hatten? Zwar sprangen sie sich oft gegenseitig auf den Rücken. Aber das war wohl doch nicht der richtige Ersatz für die Kühe. Sonst wären sie ja nicht immer so gefährlich böse gewesen. Denn jetzt auf dem Ellenbrink-Hof konnte Papa ruhig vor dem heranrückenden schwarzen Riesen stehen bleiben, weil er eine Kuh bei sich hatte. Der Bulle schnüffelte zuerst ein bißchen am Hintern unserer Kuh herum. Der Geruch schien ihm zu gefallen und ihn zu weiterem Tun anzuregen. Denn plötzlich ging dieser schwarze Koloß mit dem weißen Fleck auf der Blesse vorn hoch und sprang von hinten auf unsere Kuh. Zugleich schoß ein roter Stachel aus seinem Bauch heraus. Aber er kam nicht zum Ziel. Unsere Kuh sackte unter dem großen Gewicht des Kraftprotzen fast zusammen, konnte es wohl einfach nicht ertragen und rückte aus. Der dicke Bulle rutschte ab und blieb stehen. Es war wohl mit seiner Würde nicht vereinbar, hinter der Kuh herzulaufen. Er wartete einfach, bis man sie ihm wieder vor die Nase setzte. Dann geruhte er noch einmal hochzusteigen und aufzuspringen, und diesmal stand unsere Kuh. Aber der dicke Fettkloß von Bulle brauchte immer noch Hilfestellung. Papa mußte den Schwanz der Kuh zur Seite ziehen. Dann erst kam der Bulle mit seinem roten Stachel zum Ziel. Er schnaufte nur einmal kurz auf. Dann war es schon geschehen. Er sprang ab und ließ sich willig wieder in den Stall führen.

Ich war sehr enttäuscht. Das war alles? Dieser kurze Schnaufer sollte genügen, so ein herrliches Kälbchen in die Welt zu setzen? Das stand in keinem Verhältnis. Warum wurden die Frauen eigentlich vorher ins Haus geschickt? Unnötiges Gedönse, wenn der Bulle nicht mehr zu bieten hatte, als er hier vorführte. Wenn er die Sache mit der Kuh schon langweilig fand – wahrscheinlich wurden ihm so viele vor die Nase gesetzt, daß er sie kaum noch riechen konnte, denn er war weit und breit der einzige zur Züchtung zugelassene Bulle. Dazu wurden nämlich nur ganz große Tiere zugelassen, um auf diese Weise die Rinderrasse größer zu kriegen, damit die Bullen mehr Fleisch und die Kühe mehr Milch liefern konnten. Darum waren die Kälber auch immer größer als es gut war für die Mutterkühe. Man mußte sie ihnen fast immer mit Gewalt, das heißt mit Stricken aus dem Leib herausreißen. Das war oft so schwer, daß mehrere Männer aus der Nachbarschaft zusammengetrommelt wurden, wenn es soweit war. Es kam vor, daß ein Kalb dabei glatt in Stücke gerissen wurde, weil es einfach zu groß war für den Arsch der

Mutterkuh. Frauen durften aber nicht mit anfassen. Das wurde erst im Kriege anders, als die Männer alle in Rußland oder Frankreich waren und nur noch die Opas zu Hause waren. Da mußten die Frauen nicht nur die Kinder sondern auch die Kälber auf die Welt bringen. Und siehe da, es ging. Allerdings mußte als Hebamme immer wenigstens ein Mann dabei sein, auch wenn er nicht noch so alt und zittrig und klapprig war und mehr zupacken konnte. Ganz ohne sachverständigen männlichen Beistand schafften sie es nicht. Das war allen Frauen klar. Vielleicht wenn der Krieg noch ein paar Jahre länger gedauert hätte, daß dann die Frauen auch noch gelernt hätten, Kälber ganz allein zu holen. Aber was sind fünf Jahre gegen Jahrhunderte alte Lehren. Beim Kinderkriegen war es übrigens genau umgekehrt, dabei hatten die Männer nichts verloren, nicht einmal die Väter.

Aber zurück zu Ellenbrinkers Bullen und zu seinem enttäuschenden Auftritt. Wenn er also die Sache mit der Kuh schon langweilig fand, warum unternahm er nichts, was zu seinem Auftreten und Ansehen gepaßt hätte? Warum zum Teufel legte der Kraftprotz zum Beispiel nicht die eine oder andere Eiche um, bevor er wieder in seinen Stall trottete! Er wußte offenbar mit seinen Fähigkeiten nichts anzufangen. Immer nur die blöden Kühe bespringen, und das offensichtlich auch noch lustlos, das war doch ein ziemlich verpfuschtes Leben. Was hätte dieser Kraftbrocken nicht alles umlegen können, wenn er nur gewollt hätte. Aber er war so dienstbeflissen, daß man auf den Ring, den man ihm früher mal durch die Nase gezogen hatte, gar nicht mehr zurückgreifen mußte, um seines Gehorsams sicher zu sein. Irgendwann mußten die Menschen ihm wohl mit Stangen am Nasenring oder mit Elektrostäben ein für allemal klargemacht haben, wo der Weg lang ging. Dieser unheimliche Kraftprotz, dieses vorgeschichtliche Ungetüm, dieser brave Zuchtbulle – eine traurige Figur. Was sollte dabei für eine Nachkommenschaft herauskommen. Mir wurde allmählich klar, warum die Rindviecher alle so treudoof in die Welt guckten. –

Der Heimweg vom Bullen war völlig problemlos. Unsre Kuh hatte plötzlich alle Wildheit verloren. Sie brüllte nicht mehr, sie sah nicht mehr wild umher, sie bockte nicht. Sie trottete brav neben Papa her. Ich brauchte nicht zu treiben. Der Strick hing locker im Bogen herunter und streifte fast den Boden. Sie ging völlig freiwillig mit. Dabei wußte unsre brave Kuh natürlich, daß Stock und Strick vorhanden waren, genauso wie der brave Bulle um seinen Nasenring Bescheid wußte.

Blindgänger und Luftschutzkeller

Am Anfang des Krieges haben wir uns um einzelne Brummer, die nachts am Himmel waren, nicht viel gekümmert. Nur wenn die Flak von Bielefeld und Gütersloh loslegte, dann wurden wir natürlich aus dem Schlaf gerissen. Und manchmal sind wir dann auch aufgestanden, obwohl alle sagten, daß man auf dem Lande keine Angst zu haben brauchte. In den Luftschutzkeller gingen wir aber kaum. Der war eigentlich nur für die Besichtigung des Luftschutzwartes eingerichtet, damit der seine Meldung machen konnte und auch der Oberluftschutzwart in Münster zufrieden war. Aber eines Nachts, als wir alle schliefen und keine Flak geschossen hatte, kamen plötzlich sechs Bomben nahe bei der Schule herunter. Es gab einen gewaltigen Krach. Aber es war nicht viel passiert. Nur die Schule hatte was abgekriegt. Das machte uns natürlich keinen Kummer. In den Wiesen und Feldern hinter der Schule gab es Bombentrichter zu bestaunen, vier riesig große und zwei ziemlich kleine. Wir stocherten da in der Erde herum und suchten nach möglichst großen, zackigen, scharfen Bombensplittern, die als Andenken geeignet waren. Auch an den kleinen Trichtern stocherten wir herum, bis da ein Mann vom Luftschutz kam, die Hände über dem Helm zusammenschlug und »Weg da« schrie »das sind Bomben mit Zeitzünder!«

Die Zeitzünder ließen sich viel Zeit. Wir fanden das

spannend und schön, weil wir in dieser Zeit nicht zur Schule brauchten. Aber als die Zeitzünderbomben sich allzu viel Zeit ließen, wurden sie zu Blindgängern erklärt und entschärft, und wir mußten wieder zur Schule. Außerdem mußten wir jetzt nachts öfter in den Keller, wenn es Vollalarm gab und das Brummen am Himmel nicht mehr nach harmlosen Bienen und Hummeln, sondern nach wild gemachten Hornissenschwärmen klang. Je länger der Krieg dauerte, desto bedrohlicher hörten sich die Schwärme an, die später fast in jeder Nacht über uns hinwegzogen.

Manchmal kamen dann auch die Leute aus dem Wäßelkotten zu uns, weil es in dem alten Fachwerkhaus keinen Keller gab. Da der Alarm oft stundenlang dauerte, hatten wir alte Sofas und Matratzen in den Keller gebracht, damit man sich da ein bißchen langlegen und schlafen konnte. Wenn die Leute aus dem Wäßelkotten kamen, wurde es eng. Die hatten drei Mädchen. Noch enger wurde es auf den Matratzen, als es die Einquartierung gab. Da kamen noch zwei Soldaten dazu. Früher wollte ich die Sefa aus dem Wäßelkotten heiraten. Jetzt gefiel mir die Gertrud viel besser. Die sah schon aus wie eine richtige Frau, während die Sefa noch eine Brust hatte wie ich selber, mit zwei braunen Knöpfen und sonst nichts. Obwohl ich der Sefa schon seit langem die kalte Schulter gezeigt hatte, hielt sie stur an meinem Heiratsversprechen fest. Sie verstand es immer so einzurichten, daß sie neben mir auf die Matratze zu liegen kam, und da wir nicht so viele Decken im Keller hatten, daß jeder eine bekommen konnte, mußten öfter zwei mit einer Decke auskommen. Sefa kriegte es fast immer so hin, daß ausgerechnet wir beiden eine gemeinsame Decke hatten und Mann und Frau im Ehebett spielen konnten. Ich dagegen versuchte immer, einen Platz neben der Gertrud zu kriegen und mit ihr unter einer Decke zu liegen. So kam es dann manchmal, daß ich zwischen Sefa und Getrud lag und von zwei Decken die eine Hälfte abkriegte, so daß ich doppelt eingedeckt wurde.

Einmal als ich wieder zwischen die beiden geriet, legte Sefa unter der Decke sofort ihren Arm um mich. Ich legte mich auf die Seite und drehte ihr den Rücken zu. Sefa zog ihren Arm weg und lag ganz still. Nach einer Weile merkte ich, daß sie leise vor sich hin weinte. Ich war ganz gerührt, weil ich spürte, daß sie sich alle Mühe gab, das Weinen zu unterdrücken, und ich hätte mich schon beinahe auf die andere Seite gedreht und mich ihr zugewendet. Da drehte sich zufällig die Gertrud zu mir hin und legte im Halbschlaf ihren Arm um mich. Eigentlich war es mehr so, daß der Arm nur über mich hinrutschte, wir lagen ja ziemlich eng nebeneinander, und irgendwo mußte sie den Arm ja lassen. Es hatte sicher nichts zu bedeuten. Ich war ja auch noch viel zu klein für die große Getrud. Trotzdem lag ich wie gebannt in ihrem Arm. Ich dachte nicht mehr daran, mich zur weinenden Sefa umzudrehen. Im Gegenteil, ich kuschelte mich näher an die Gertrud ran, so daß ich richtig an ihrer Brust lag. So hätte ich immer liegenbleiben mögen. Die Sefa hatte ich jetzt glatt vergessen. Da machte sie sich bemerkbar. Sie drehte sich entschlossen zu mir hin und legte von hinten ihren Arm um mich. Und dieser Arm rutschte nicht so zufällig über mich hin. Sie schob ihn gezielt unter der Decke lang, bis ihre Hand auf meinem Bauch lag. Von vorn und hinten umarmt saß ich fest. Ich staunte über die stille Sefa. Sie nahm den Kampf mit ihrer großen Schwester auf. Sie wollte mich absolut heiraten. Sie versuchte ihre große Schwester, mit deren Brüsten sie nicht konkurrieren konnte, irgendwie zu übertrumpfen. Ich mußte daran denken, was die Elfriede damals beim Kühehüten gemacht hatte. Aber komisch, was ich vor einigen Jahren zuerst spannend und dann langweilig fand, das war mir jetzt unheimlich. Und die Sefa, die steif wie ein Stock geblieben war, wenn ich mich im Straßengraben mal so zum Spaß auf sie gelegt hatte, die wurde mir jetzt auch unheimlich. Ich wußte nicht viel über Heirat und über das, was die Verheirateten eigentlich so richtig miteinander machten, aber ich wußte, daß das eine todernste Angelegenheit sein mußte, denn die Kirchenglocken läuteten bei einer Hochzeit wie auch bei einer Beerdigung, und der Pastor sprach und betete bei einer Hochzeit genauso ernst und feierlich wie bei einer Beerdigung, und Blumen und Grünzeug und Schnaps jede Menge gab es bei einer Hochzeit genau wie bei einer Beerdigung. Die Heirat und das, was damit zusammenhing, mußte eine todernste Sache sein, und deshalb wurde mir Sefas Hand, die auf meinem Bauch lag wie eine große Spinne, sehr unheimlich, und ich drückte diese Spinnenhand einfach weg.

Sefa stand sofort auf und legte sich in der anderen Kellerecke neben der Matratze der Einquartierungs-Soldaten auf den Zementboden. Der Gefreite mit dem Glasauge kriegte das im Halbschlaf mit und zog die Sefa unter seine Decke. Das habe ich deutlich gesehen, obwohl nur ganz wenig Licht vom Gang her in den verdunkelten Keller fiel.

Sefa war am nächsten Tag und in den folgenden Wochen sehr verstört. Ihre Mutter fuhr öfter mit ihr zum Doktor. Mir gegenüber war sie von da an sehr scheu. Und seitdem ließen wir uns auch nicht mehr gemeinsam den Chaussee-Damm herunterrollen, um unten in der Mulde lachend aufeinander zu prallen, und wir lagen dann auch nie mehr versonnen zusammen auf dem Thymianteppich, um Heiratspläne zu schmieden.

»Nix gutt«

Eine neue Telefonleitung von der Westfront zur Ostfront sollte gebaut werden. Das sagten die Soldaten, die bei uns und in den Nachbarhäusern einquartiert waren. Es waren meist alte Knacker, die an der Front wohl nicht mehr so gut zu gebrauchen waren. Sie hatten einen Trupp von russischen Kriegsgefangenen zu beaufsichtigen, die die Arbeit machen mußten: Löcher buddeln, Masten einsetzen, Drähte ziehen. Die Russen waren in einer stillgelegten Schreinerei nicht weit von unserem Hause untergebracht. Der Spieß ließ die Russen antreten, als ob es Soldaten wären. Das machte er auch dann, wenn die amerikanischen Jabos am Himmel herumbrummten. Hagenkords Opa, dessen Haus noch näher an der Schreinerei lag als unseres, hatte dem Spieß schon öfter gesagt, daß das Wahnsinn sei. Er solle die Leute unter den Bäumen antreten lassen. Hagenkords Opa hatte im 1. Weltkrieg ein Bein verloren und konnte es sich also leisten, dem Spieß sowas zu sagen. Der aber lachte nur und ließ die Russen unter freiem Himmel stramm stehen. Bis dann eines Tages sich wirklich drei Jabos runterstürzten und mit Maschinengewehrgeratter über unsere Häuser dahinheulten. Die Amis wußten natürlich nicht, daß sie da auch auf ihre Verbündeten schossen, es waren viel mehr Russen da als deutsche Soldaten, aber da kannten die Amis nichts. Sie schossen auf alles, was nach

Menschen aussah und sich noch bewegte. Es gab ein riesiges Durcheinander. Der Spieß warf sich in einen Graben, und die Russen rannten in alle Himmelsrichtungen auseinander. Einige aber blieben dort liegen, wo sie vorher gestanden hatten. Es gab keine Toten, aber etliche Verwundete. Man trug sie in Hagenkords Haus, einen auch in unser Haus, und zwar in den Keller, weil man damit rechnen mußte, daß die Jabos wiederkamen. In unserem Luftschutzkeller stand eine alte Kautsch. Da lag nun der Russe. Er hatte einen Schuß durch den Oberschenkel bekommen. Die Kerstingsche – das war eine Frau aus Bielefeld, die ausgebombt war und nun bei uns in einer Dachkammer hauste – die Kerstingsche machte sich daran, den Verwundeten zu verbinden. Verbandszeug war im Luftschutzkeller sowieso da. Sie schnitt mit der Schere das Hosenbein auf und untersuchte die Sache. »O nicht schlimm«, sagte sie dann, »hier hinein und da wieder raus. Nur ein bißchen Fleisch kaputt. Wird alles wieder gut.« So versuchte sie den Russen zu beruhigen. Dann nahm sie ein Fläschchen und ließ Jod auf die Wunden tropfen. Der Russe zuckte zusammen und stöhnte. »Nicht schlimm! Ist gleich wieder gut«, beruhigte die Kerstingsche. Dann strich sie Salbe auf Mull, legte es auf die Wunden und begann zu wickeln. »Das tut gut«, sagte sie. »Es wird alles wieder gut.« Jedesmal wenn sie mit der Wickelrolle um den Schenkel herumfuhr, wiederholte sie ihr »Das tut gut, hm«, wie eine Mutter, die ihrem Kind ein kaltes Messer auf den verbrannten Finger hält und dabei irgendwelche sanften Gluckentöne von sich gibt. Der Russe ließ alles mit sich geschehen. Als die Kerstingsche merkte, daß ich nahe herangetreten war und alles genau sehen konnte, sagte sie: »Geh du mal raus! Das ist nichts für Kinder.« Ich blieb vor der Tür stehen und guckte durch das Schlüsselloch. Die Kerstingsche beugte sich über den Russen und sagte immer wieder: »Das tut gut, hm! Tut das gut?« Der Russe stöhnte und wollte seinen Arm um die Kerstingsche legen. Da schlug sie ihm auf einmal auf die Finger und sagte: »Ich eine deutsche Frau. Mein Mann Soldat in Rußland.« – »Nix gutt«, stieß der Russe hervor. Sie warf eine Decke über ihn und ging raus. Ich konnte schnell in die Kohlenecke springen. »Nix gutt«, rief der Russe nochmal, als sie die Tür zuschlug. – Später kam ein Wagen mit einem großen roten Kreuz drauf, der die Verwundeten abholte. Es waren nur Russen, die was abgekriegt hatten. Als der Russe aus unserem Keller getragen wurde und als er die Kerstingsche vor der Tür stehen sah, rief er ein drittes Mal: »Nix gutt!«

Unselige Nacht

Es war am Tag vor Weihnachten wieder so wie im Vorjahr und wieder so, wie es im vorvorhergehenden Jahre an Heilig-Abend gewesen war. Ich hatte rechtzeitig gebeichtet und war in jeder Hinsicht »guten Willens«, aber ich spürte genau, daß es für mich wieder nicht jenen holdseligen Frieden geben würde, den Engels-Chöre zu Weihnachten den Menschen guten Willens verkündeten. In meiner Brust war so etwas wie ein tauber Klumpen, und ich wußte aus den Vorjahren, daß das nicht nur am Vortage so war, sondern auch in der Weihnachtsnacht so sein würde, wenn in der Uchte die Orgel brauste und alle mitgerissen sangen »Stille Nacht, heilige Nacht« und »O selige Nacht«. Papa brüllte diese Lieder so laut und inbrünstig, daß an seiner Seligkeit nicht zu zweifeln war. Alle schienen Weihnachten selig zu sein. Nur ich behielt diese dumpfe Höhle in der Brust. Ich sah auch in der Uchte kaum das Kindlein in der Krippe, das alle Jahre wieder von den Jünglingen und Jungfrauen der Gemeinde herausgeputzt wurde, mit Maria und Josef, mit Ochs und Esel, mit Hirten und Schafherden und mit gewaltigen Engelchören darüber. Ich kam nicht los von dem Stielauge im goldenen Dreieck, das hoch über der Szene direkt unter dem Gewölbe schwebte, nicht nur zur Weihnachtszeit, aber auch zur Weihnachtszeit. Ob unten der Stall von Betlehem aufgebaut war oder der

Maiandachts-Altar – Maria im Lilienmeer – oder der Sarkophag an Allerseelen, immer schwebte das Auge des Dreifaltigen darüber, und immer war es offen, ein lidloses Auge.

Woran lag es nur, daß der überall sich ausbreitende selige Weihnachtsfrieden bei mir nicht einkehren wollte. An Gott und den Engeln konnte es nicht liegen, das war von vornherein klar. Also mußte es an mir liegen. Vermutlich hatte ich in der Beichte wieder irgend etwas vergessen. Um die ewige Sorge, wichtige Sünden in der Beichte vergessen zu haben, loszuwerden, hatte ich schon so eine Art Buchführung angefangen, natürlich in Geheimsprache, daß nicht jeder, dem mein Tagebuch in die Hände fiel, herauskriegen konnte, was ich für einer war. Hinter Kinderreimen wie »Stripp-strapp-strull« verbargen sich Todsünden, für die ewige Höllenstrafe angedroht war, wenn, ja wenn sie nicht gebeichtet wurden. Aber auch die sorgfältige Buchführung über meine Sünden hatte meine Angst, in der Beichte etwas vergessen zu haben, nicht wegschaffen können. Es mußte ja auch einen Grund haben, wenn nicht mal zu Weihnachten der selige Seelenfrieden bei mir einkehren wollte. Ich beschloß, nochmal zur Beichte zu fahren, aber nicht nach Verloh, sondern nach Herzebrock, wo mich keiner kannte. Zuhause durfte das auch niemand merken, daß ich schon wieder zur Beichte fuhr. Was hätten sie von mir denken müssen am Tage vor Weihnachten. Ich konnte mich also nicht extra anziehen. Als gerade niemand auf der Deele war, stieg ich aufs Fahrrad, ohne Mantel und mit Puschen, und fuhr nach Herzebrock. Das Wetter war naßkalt, ganz unweihnachtlich, es paßte zu dem armen Sünder, dessen steifgefrorene Finger sich um den Lenker krallten, auf dem Wege zum Beichtstuhl. Aber das Schlimme war, daß das unweihnachtliche Wetter auch noch auf dem Heimweg zu mir und meinem Seelenleben paßte. Nur direkt nach der Beichte hatte ich für ein paar Minuten das Gefühl, das nun alles in Ordnung war. Aber schon als ich die Bußgebete gesprochen hatte – drei Vaterunser und drei Gegrüßt – seist – du – Maria –, verflog wieder das Gefühl, daß der liebe Gott mit mir zufrieden war. Auch in der Kirche von Herzebrock schwebte das starre Dreiecksauge oben unter dem Gewölbe, das lidlose Richterauge, unverändert und unveränderlich. Ich hatte mich mit den Bußgebeten sehr beeilt, damit zuhause mein Verschwinden nicht auffallen sollte. Und auf dem Heimweg fuhr ich, so schnell es ging. Aber ich hatte Gegenwind, und Regen, vermischt mit Schnee, schlug mir ins Gesicht. Da ich, um zuhause nicht aufzufallen, keinen Mantel angezogen hatte, hatte ich auch keine Handschuhe dabei, weil die immer in den Manteltaschen steckten. Meine Hände an dem kalten Lenker waren wie Eisklumpen, und in der Brust war immer noch diese dumpfe Höhle, wie auf dem Hinweg zur Beichte und wie an Heiligabend im vorigen Jahr und im vorvorigen Jahr. Ohne Mantel und Mütze auf meinem alten klapprigen Fahrrad, zusammengekrümmt gegen Schneeregen und Wind hätte ich am liebsten losgeheult. Aber warum sollte ich eigentlich jetzt heulen, wo es doch im Grunde immer so war. Also biß ich die Zähne zusammen. Zuhause angekommen schlich ich mich leise auf die Deele. Papa stand gerade in der Waschküche am Spülstein, rubbelte seinen Kugelkopf trocken und rief nach einem frischen Unterhemd. Mama brachte es ihm sofort. Ich fummelte am Hosenträger herum und tat so, als ob ich vom Lokus käme. Es hatte keiner was gemerkt.

Katinka und der Kartoffelrankenrauch

Rundherum schwelende Haufen von Kartoffelranken. Der Rauch stieg nicht zum Himmel auf, kroch träge durch die Furchen, breitete sich sehr langsam aus und hüllte den Acker in eine Qualmdecke. Die Kartoffelauskratzerinnen, die auf den Knien hinter dem Pflug herkrochen, waren vom Rauchmantel rings umgeben. Manchmal husteten sie und richteten sich kurz auf, rieben sich die Augen mit den Ärmeln und sahen, daß oben die Sonne schien. Nicht strahlend und warm, aber Sonne, richtige Sonne. Der Mantel aus Nebel und Kartoffelrankenrauch über dem Acker war etwa einen halben Meter dick. Darüber milde Septembersonne. Die Kartoffelkratzerinnen konnten nur kurz den Kopf in die Sonne stecken, dann mußten sie wieder runter, denn Holtkämper zog unerbittlich seine Furchen, und wenn eine ihr Stück nicht schnell genug schaffte, bestand Gefahr, daß der halbblinde Hektor, der den Pflug zog, ihr in die Hacken trat. Das war zwar noch nie vorgekommen, aber Holtkämper legte es darauf an, daß es passieren konnte. Das genügte. Die Frauen waren fix bei der Arbeit. Die eisenbeschlagenen Hufe des schweren Ackergauls im Rücken wirkten Wunder. Die Kratzerinnen schafften ihr Stück zwar immer nur knapp, aber sie schafften es regelmäßig kurz bevor Hektor wieder herantrottete und eine neue Furche zog.

Einige Frauen hatten ihre größeren Kinder mitgebracht, die ihnen den Kartoffelkorb weiterrücken mußten. Dadurch konnten sie natürlich Zeit gewinnen: sie hatten die Hände frei zum ununterbrochenen Durchwühlen der Erde nach Kartoffelknollen. Das Weiterrücken des Korbes beim Vorwärtskriechen war überhaupt das schwerste bei dieser Arbeit. Man hatte ja keine Zeit, sich dazu jedesmal eigens aufzurichten. Und wenn der Korb schon halb oder dreiviertel voll war, wurde das Weiterrücken auf allen Vieren immer mühsamer. Natürlich sollten die Körbe eigentlich nie so voll werden. Korrad war dazu da, die schweren Körbe gegen leere auszutauschen. Das tat er auch. Aber er hatte nicht die Hufe Hektors hinter sich wie die Kratzerinnen. Er ging zwar nicht langsam, aber auch nicht schnell von einer zur anderen und kippte die vollen Körbe auf den Kastenwagen, der in der Mitte des Ackers stand. Das bollerte jedesmal gewaltig, und man merkte, daß Korrad ein wichtiger Mann war.

Neben Hektors Schnauben war das dumpfe Bollern der ausgekippten Kartoffeln das einzige Geräusch auf dem Felde. Die Frauen konnten nicht miteinander reden, weil jede – wie eine Läuferin beim Staffellauf – ihr abgemessenes Stück ganz allein zu bewältigen hatte. Auch die Kinder konnten nicht miteinander reden und natürlich auch nicht zusammen spielen, weil jedes bei seiner Mutter bleiben mußte, um ihr ständig den Korb weiterzusetzen.

Die einzige Verbindung zwischen den einzelnen

Frauen bestand in Korrad, der von einer zur anderen ging, die vollen Körbe holte und dafür leere brachte.

Zu Katinka, dem Polenmädchen, kam er immer zuletzt, manchmal erst dann, wenn der Korb überquoll. Katinka rief nicht nach Korrad, wenn ihr Korb voll war, wie die anderen Frauen das zuweilen taten, wenn Korrad nicht aufpaßte oder zu langsam war. Katinka sah sich nur ängstlich nach Hektor um und quälte sich stumm mit dem schweren Korb. Jedesmal wenn sie ihn ein Stück vorrückte, sah es aus, als ob sie selbst hinterher falle. So mußte sie sich ins Zeug legen. Sie war nicht stark. – Einmal als der Korb wieder voll war, sagte Korrad zu ihr: »Na hastes dir überlegt?« Und als Katinka darauf nichts sagte, ging er zu einer anderen, obwohl Katinkas Korb fast überquoll. Katinka richtete sich kurz auf, sackte zurück auf die Hacken und rieb sich mit dem Ärmel die Augen.

Ich lief zum Kastenwagen und wollte einen leeren Korb für Katinka holen. »Finger von die Dinger!« – rief Korrad quer übers Feld. Da ging ich zu Katinka und setzte ihr den schweren Korb weiter. Auch als Korrad den vollen Korb endlich gegen einen leeren umgetauscht hatte, blieb ich bei Katinka und setzte ihr den Korb weiter, Stück für Stück, immer im passenden Abstand, so daß sie die ausgekratzten Kartoffeln bequem hineinwerfen konnte. Katinka war nicht stark, aber fix. Jetzt, wo sie den schweren Korb nicht mehr vorrücken mußte, war sie immer schon längst fertig, wenn der dicke Hektor von hinten heranschnaufte. Dann lächelte sie mich an und sagte nichts. Sie hatte wässrigblaue Augen. In der Kaffeepause gab sie mir die Hälfte von ihrem Kartoffelstuten mit. Der schmeckte mir wie Streuselkuchen an Weihnachten.

Ich blieb bis zum Abend und setzte Stunde um Stunde Katinkas Korb weiter. Und am Ende des Stückes, wenn Hektor noch weit hinten war, lächelte sie mich jedesmal an mit diesen Augen, die immer aussahen, als ob sie gerade aufgehört hätte zu weinen. Als es dunkel wurde, fragte sie: »Du morgen wiederkommen?« Am nächsten und am übernächsten Tag aber mußte ich gleich nach der Schule zum Wässelbur zum Tuffelrankenziehen. Wenn wir ein Pferd zum Pflügen leihen wollten, mußten Mama und ich dafür beim Wässelbur arbeiten, ich Kartoffelranken ziehen und Mama Kartoffeln auskratzen. Wir konnten unsere fünf Morgen Ackerland ja nicht gut mit der Schute umgraben. Also mußten wir zum Wässelbur, wenn es ihm paßte.

Als ich am dritten Tag wieder zu Holtkämpers kam, sah ich, daß Katinka es nicht mehr so schwer hatte. Korrad war sehr aufmerksam und brachte ihr laufend leere Körbe. – Als ich ihren Korb weitersetzen wollte wie vor drei Tagen, sagte sie: »Nicht mehr nötig.« Dabei schaute sie mich nur ganz kurz an mit ihren wässrigen Augen, die aussahen, als ob sie gerade zu weinen aufgehört hätte.

Ich setzte mich am Feldrand ins Gras und ließ Katinka nicht aus den Augen. Sie aber schaute kein einziges Mal mehr zu mir herüber. Die Kartoffelrankenhaufen schwelten noch immer vor sich hin. Der Rauch kroch mit Katinka am Boden hin.

Mein Reich im alten Bombentrichter

Bei uns zuhause war es immer still, auch wenn alle da waren, wie am Sonntagnachmittag. Bei gutem Wetter saß man dann vor der Tür und guckte in die Gegend, bei schlechtem Wetter in der Wohnküche und starrte auf die Wände, auf die Heiligen- und Soldatenbilder und auf die verschnörkelte Uhr, die mit ihrem Ticktack die Stille hörbar machte.

Wenn es mir gar zu still wurde, lief ich manchmal zu Hagenkords. Bei Tante Margret war immer was los. Die Großen erzählten sich was, machten Späße, stießen sich in die Rippen, lachten. Tante Margret lachte immer besonders laut. Es vergingen kaum fünf Minuten, ohne daß sie einen Juchzer ausstieß. Ganz unglaublich, daß sie die Schwester meines Papas sein sollte. Eigentlich sollte ich nicht zu Hagenkords gehen. Die wurden in der Nachbarschaft und in der Verwandtschaft als schwarze Schafe angesehen. Tante Margret hatte schon vor der Hochzeit ein Kind gehabt und zwar eins mit so pechschwarzen Haaren, daß kaum einer aus Klarholz oder Bornholte als Vater in Frage kommen konnte. Es blieb mysteriös, wo sie sich den Balg aufgefangen hatte. Sie war öfter zu der alten Bertlingschen gegangen, die als Hexe galt, und hatte sich die Karten legen lassen. Möglich, daß der Teufel selbst seine Hand im Spiel hatte. Jedenfalls war Tante Margrets Ruf nicht gut, obwohl sie jeden Sonntag zur

Frühmesse fuhr und obwohl sie in der Weihnachtsnacht immer so früh zur Uchte aufbrach, daß sie den Küster wecken mußte, damit er die Kirchentüren aufschloß. Bei ihrer ältesten Tochter war das Malheur dann prompt wieder passiert. Tante Margret hatte getobt und der werdenden Mutter was in den Nacken geschlagen und hatte ganze Sätze aus der Sonntagspredigt des Pastors zitiert über den Sittenverfall und die Verwahrlosung der Jugend. Die Tochter hatte immer nur geweint. Als das Kind zur Welt kam, da hatte es keine schwarzen Haare, und es fand sich auch ein Vater, der zahlen mußte. Dumm war nur, daß der schon verheiratet war. Und Helmut, der jüngste Sohn von Tante Margret, wurde von den Nachbarn und Verwandten auch als mißraten angesehen, weil er sonntags zwar in Richtung Dorfkirche radelte, aber stets knapp an ihr vorbei, zum Dorfkrug. Und das war schlimm. Die Nachbarn schlecht machen, Hühner stehlen, Grenzsteine versetzen, das Geld versaufen und die Kinder hungern lassen, die Frau halb totschlagen – das war alles nichts gegen das Vergehen, sonntags nicht in die Kirche zu gehen. Helmut, der sich damit begnügte, im Krug ein paar Stichwörter von der Sonntagspredigt mitzubekommen, um gegebenenfalls Rede und Antwort stehen zu können, war ein verlorener Sohn. Nur die kränkliche Maria war in dieser Familie in Ordnung, soweit man sehen konnte. Ja, und natürlich noch die kleine Elfriede. Aber das war ja noch ein Kind. Da konnte noch niemand sagen, wie sie sich eines Tages entpuppen würde.

Es war also keine gute Familie, und ich sollte eigentlich nicht da hingehen. Aber die Hagenkords sprachen richtig miteinander, erzählten was, hatten oft Besuch, und dann gab es noch mehr Spaß. Die lautesten Juchzer stieß Tante Margret aus, wenn andere Männer da waren. Und ihr Lachen kam dann gurgelnd tief aus dem Halse. Zugegeben es klang meist wie ein dreckiges Lachen, aber mir gefielen die Tante Margret und ihr Haus, wo immer was los war und wo alle miteinander redeten, wenn sie sich manchmal auch gegenseitig als dumme Sau oder blöde Kuh oder so bezeichneten. Auch ich wurde von Tante Margret und den andern freundlich angesprochen, aber ich war das Schweigen von zuhause so sehr gewohnt, daß ich nicht recht mithalten konnte, so daß ich mir immer ziemlich bald fremd vorkam und wieder wegging. »Dat is en kläinen Filesofen, de segg nich aolles, wat he wäit.« So sagte Tante Margret manchmal und lachte dreckig und freundlich hinterher. Ich wußte nicht recht, ob das schmeichelhaft war, ein ›Filesof‹ genannt zu werden. Aber es tat mir gut, daß sie überhaupt eine besondere Bezeichnung für mich hatte, denn von anderen hatte sie das noch nie gesagt. Sie sah also was Besonderes in mir. Zuhause war ich nur eins von zehn Kindern und mußte Schuhe und Kleider von den größeren Geschwistern weitertragen. Natürlich hatte ich zuhause einen eigenen Namen. Aber den hatte Tante Lene ausgesucht. Ihr hatten Mama und Papa es immer überlassen, aus dem Verzeichnis des Familienbuches einen Namen auszusuchen, wenn es mal wieder soweit war. So unwichtig war für Mama und Papa der Name ihres Kindes. Sie mußten wohl mehr daran denken, wie sie das neu hinzugekommene Blag noch mit durchfüttern sollten.

Wenn mir zuhause die Stille zu drückend wurde, und wenn ich mich im Nachbarhaus bei Tante Margret zu fremd fühlte, weil es dort zu munter zuging, dann flüchtete ich oft in meine Burg. Hier war ich ganz allein, die Stille war aber nicht drückend, weil ja niemand da war, der etwas sagen konnte. Und manchmal führte ich auch halblaute Gespräche mit mir selber. Die Burg lag in einem unzugänglichen Busch. An dem Weg, der an diesem Busch vorbeiführte, stand ein Schild mit der Aufschrift:

»Bleib auf dem Weg, du Wandersmann!
Sporn auch die Jugend dazu an,
daß unser Wild ganz ungestört
so leben kann, wie's sich gehört.«

Dieses Schild war ganz überflüssig, denn der Busch war so dicht und so sehr von Dornenranken durchwuchert, daß niemand hineinkam.

Ich hatte mir von einem nie benutzten Seitenweg aus eine schmale Schneise in den Urwald hineingeschlagen, aber in Zickzacklinie, so daß niemand diese Schneise als Eingang erkennen konnte, selbst wenn einer auf den Seitenweg geraten wäre. Mitten in dem Busch war ein flacher Trichter mit einem Wall drumherun. Da war offenbar mal ne Bombe eingeschlagen. Jetzt war alles wieder überwachsen. Dichtes Brombeergesträuch und Heckenrosen wucherten ringsum auf dem Wall und machten ihn zu einer unüberwindlichen Verteidigungsmauer. Selbst wenn einer bis an den Wall vorgedrungen war, war er immer noch nicht in der Burg. Der letzte Zugang war nämlich besonders raffiniert. Ich hatte mir eine Höhle unten durch den Wall gebuddelt. Dazu hatte ich mehrere Seitenhöhlen gekratzt, um einen Fuchsbau vorzutäuschen. Es konnte also wirklich kein Mensch in meine Burg kommen.

Hier war mein Reich. Hier war ich König. Der alte Bombentrichter war mein Königreich. Aus alten Brettern hatte ich eine Bude gezimmert für kühle und regnerische Tage. Ich konnte bei Regen natürlich auch in die Eingangshöhle kriechen. Aber ich hielt mich nicht gern lange darin auf. So eine Höhle im sandigen Boden konnte ja mal einstürzen. Deswegen kroch ich immer möglichst schnell hindurch. Bei schönem Wetter zog ich mich aus und legte mich nackt in den Sand und sah mit geschlossenen Augen in die Sonne. Ich rieb mit den Fingern ein wenig die Augendeckel und sah phantastische Sachen: braune Wüsten mit schwarzen Sonnen darüber, ein strahlendes Meer von Sonnenblumen, riesige Wirbel aus lauter Mondsicheln, endlose Margeriten-Wiesen, ein unübersehbares Gebirge aus blühenden Apfelbäumen, ein Heer von goldenen Engeln, einen langen flachen Sandstrand, aus dem nur eine Frauenbrust herausragte, einen tollen Wirbel von Frauenbeinen, zwischen denen kleine schwarze Teufelchen herumhopsten, Überschwemmungen, Sonnenauf- und -untergänge und vieles, vieles mehr. Ich brauchte nur mit geschlossenen Augen in die Sonne zu schauen und ein bißchen die Augendeckel zu reiben, und schon weitete sich mein alter Bombentrichter zu einem Weltreich, das Himmel und Hölle mitumspannte. Wenn ich auch nur einen Namen trug, den meine Tante für mich ausgesucht hatte, hier in der Trichterburg war ich König. Aber ich war kein glücklicher König, auch wenn der Sand schön warm war im Rücken. Ich war ein einsamer König. Ich brauchte eine Königin, der ich die Sonnenblumenmeere, die Apfelbaumgebirge, den Tanz der Mondsicheln, die kleinen schwarzen Teufelchen, die Sonnenauf- und -untergänge und alles zeigen konnte.

Ich beschloß, Hannelore in mein Königreich einzuführen und sie glücklich zu machen. Ich erzählte ihr auf dem Heimweg von der Schule von meiner tollen Königsburg und daß sie Königin werden sollte. Hannelore schien von meiner Idee nicht gerade hingerissen zu sein. Vielleicht hätte ich das mit der Königsburg und mit der Königin anders sagen sollen. Aus dem ersten Märchenalter waren wir mit unsern zwölf Jahren ja beide heraus. Aber ich hatte das auch gar nicht als Märchenspiel verstanden. Ich meinte das wirklich so mit dem Königreich. Wenn Hannelore auch nicht entzückt war von meinem Plan, so war sie immerhin ein bißchen neugierig geworden, und fragte: »Wann denn?« Ich sagte: »Wenn die Sonne scheint, morgen nachmittag.«

Am anderen Tag schien die Sonne. Ich schielte in der Schule zu Hannelore rüber und zeigte hinter dem Rücken des Vordermanns zum Fenster. Da flog gerade ein Taubenschwarm vorbei. Hannelore meinte wohl, ich hätte deswegen zum Fenster gezeigt, und sah mich verständnislos an. Das war wirklich nichts Besonderes, daß da ein paar Tauben vorüberflogen. Ich zeigte nochmal zum Fenster, jetzt wo die Tauben weg waren. Hannelore starrte ratlos in den blauen Himmel.

Am Nachmittag machten wir uns auf den Weg zur Burg. In der engen Schneise begann Hannelore zu jammern, weil die Brombeerranken ihr die Arme und Beine zerkratzten. Als wir vor der Eingangshöhle standen, erklärte sie, daß sie nie und nimmer durch so eine Fuchshöhle kriechen werde. Erstens sei das viel zu gefährlich und zweitens bekäme man Sand in die Haare. Ich mußte mehrmals hin- und zurückkriechen, um ihr die Ungefährlichkeit dieses Eingangs zu beweisen, und mußte ihr von den Wundern meines Reiches erzählen, bis sie sich endlich entschloß, mir zu folgen. Als sie dann schließlich in der Burg war, da war sie erst eine ganze Weile damit beschäftigt, den Sand aus den Haaren zu schütteln. Dann sah sie sich um und fragte: »Wo sind denn die Wunder?« Ich sagte: »Das kann man nicht einfach so sehen. Dazu muß man erst was machen.« »Was denn?« fragte sie. Ich antwortete: »Du mußt dich ausziehen, dich in den Sand legen, die Augen zumachen und ...« »Darum hast du mich also hierhin gelockt, du Schwein,« fuhr sie dazwischen und war auf einmal ganz böse. Ich erschrak sehr, mir war auf einmal klar, daß ich in meiner Burg nie an das gedacht hatte, was der Vikar uns im Beichtunterricht beigebracht hatte. Auch der liebe Gott hatte bisher nicht in mein Königreich hineinregiert. Der Sandwall mit Brombeerranken und Heckenrosen hatte bislang wirklich dichtgehalten. Mit Hannelore waren auch die Lehren und Vorschriften des Beichtunterrichts hier eingedrungen, und ich sagte schnell: »Vielleicht geht es auch ohne Ausziehen.« Sie sah mich durchdringend an: »Wenn du denkst, du könntest hier unter meinen Kleidern ...« »Nein, nein!« rief ich dazwischen. »Du verstehst alles ganz falsch.« »So?« sagte sie hinterhältig, »dann kannst du es mir ja erklären.« Ich merkte wohl schon, daß alles schiefging, wollte aber noch nicht aufgeben. »Ich werde dich überhaupt nicht berühren«, sagte ich beschwörend. »Bloß glotzen, was!« entgegnete sie. Ich verlor den Mut, versuchte es aber noch einmal. »Hier ist alles anders, als du denkst. Ich werde wie du die Augen zumachen. Wir legen uns in den Sand und schauen mit geschlossenen Augen in die Sonne und legen unsre Finger auf die Augendeckel, dann wirst du schon sehen. –« »Was werd ich sehen?« – »Das kann ich dir nicht beschreiben. Das ist unbeschreiblich. Das ist das Wunder. Das sind viele Wunder.«

»Jetzt will ich es aber wissen«, sagte sie entschlossen, legte sich hin, in Richtung Sonne, machte die Augen zu und legte ihre Zeigefinger auf die Augendeckel. – »Nichts«, sagte sie, »ich sehe nichts.« – »Du mußt ein bißchen Geduld haben. Es dauert manchmal ein Weilchen.« – »Ich sehe immer noch nichts.« – »Du mußt dir die Augen reiben.« – »Jetzt habe ich mir die Augen gerieben, und ich sehe immer noch nichts, überhaupt nichts.« Sie machte die Augen auf und richtete sich auf. »Das hätte ich mir eigentlich denken können, daß du dir wieder was zusammengesponnen hast«, sagte sie. So kannte ich die Hannelore gar nicht, so hatte ich sie noch nie gesehen. Ich legte mich in den Sand, schloß die Augen und legte die Zeigefinger auf die Augendeckel, um mir zu beweisen, daß ich nicht gesponnen hatte, als ich von den Wundern meines Reiches erzählte. Aber es tat sich nichts. Ich rieb die Augen kräftig. – Nichts! Nur ein bißchen Lichtgeflimmer. Sonst nichts! Ich machte die Augen auf und richtete mich auf, um mich zu überzeugen, daß ich tatsächlich in meiner Burg war. Alles war wie immer, außer natürlich, daß Hannelore da war. »Du mußt dich ausziehen«, sagte sie spöttisch. »Ich werde so lange weggucken.« – »Es gibt ein Gewitter«, sagte ich. »Wir müssen schleunigst abhauen.« – »Ich sehe nichts von einem Gewitter«, sagte sie. – »Ich habe ein leises Grummeln gehört«, sagte ich, »ich gehe nach Haus.« Sofort wandte ich mich zum Höhlenausgang. »Du bist nur zu feige, dich auszuziehen«, spottete sie weiter, indem sie mir folgte. Sie kroch hinter mir her. In der dunklen Höhle war sie still. Bevor wir das Ende der Höhle erreicht hatten, machte ich Halt. Hannelore stieß an meine Füße und rief: »Worauf wartest du? Ist hier vielleicht das Wunder zu sehen!« »Ja«, sagte ich, »und du kommst nicht eher raus, bis du es gesehen hast.« – »Ich hab alles gesehen, was es hier zu sehen gibt«, sagte sie. »Also mach voran! Ich will hier nicht bis zum Jüngsten Tag in der Höhle stecken bleiben.« – »Wirklich nicht?« sagte ich. »Nein, wirklich nicht«, rief sie wütend. Ich sagte nichts mehr und bewegte mich nicht von der Stelle. Hannelore schimpfte, bettelte, weinte. Ich spielte toter Mann. Schließlich versuchte sie, in der engen Höhle an mir vorbeizukommen. Da brach die Höhle zusammen. Ich kam schnell aus dem Sand raus, weil ich schon nahe vor dem Ausgang gewesen war. Aber Hannelore! Ich kratzte wie wild den Sand beiseite. Aber da rutschte immer wieder Sand nach. Ich kratzte wie um mein Leben. Hannelore würde ersticken, wenn es mir nicht schnell genug gelang, sie freizukratzen. Das hatte ich nicht gewollt. Das nicht. Angst sollte sie schon kriegen. Aber keine Todesangst, Ich kratzte, kratzte. Eigentlich mußte ich längst da sein, wo sie steckte. Ich mußte jeden Augenblick auf sie stoßen, ihren Arm oder ihre Haare erwischen. Aber ich hatte immer nur Sand unter den Händen. Die Finger bluteten, ein paar Nägel waren abgebrochen. Ich kratzte weiter wie verrückt. Es ging ja um Minuten, vielleicht um Sekunden, die das Leben retten konnten. Jetzt hatte ich aber schon mit Sicherheit die Stelle erreicht, wo Hannelore stecken mußte. Aber es war immer noch Sand unter meinen Händen. Nichts als Sand. Wie war das möglich! Es hatte doch kein Erdbeben gegeben. Der Boden konnte doch nicht weggerutscht sein. Es war doch nur die Decke eingestürzt. Als ich verzweifelt weiter kratzte, sah ich, daß nur der vordere Teil der Höhle eingestürzt war. Das hintere Stück war unversehrt. Als ich den Zugang frei hatte, kroch ich in äußerster Spannung in den Trichter zurück.

Da stand Hannelore, vorgebeugt, mit herunterhängendem Kopf und schüttelte sich den Sand aus den Haaren. Als sie mich sah, sagte sie »Du Spinner!« und schüttelte weiter den Sand aus den Haaren. Ich schob meine blutigen Hände mit den abgebrochenen Fingernägeln in die Hosentaschen, ließ mich rückwärts in den Sand fallen und machte die Augen zu.

Sie rochen anders als wir

Als bei uns die Autobahn gebaut wurde, kamen fremde Leute ins Land, Arbeiter aus Wanne-Eickel und Castrop-Rauxel. Einer brachte sogar seine Kinder mit. Die mußten dann in unsere Schule. Bei der Schule war wegen der Autobahnüberführung ein hoher Sanddamm aufgeworfen worden. Wo die Brücke gebaut werden sollte, war ein steil abfallender Hang. Mittags nach der Schule packten die Jungen aus dem achten Jahrgang die drei Mädchen aus Castrop-Rauxel an den Händen, rannten mit ihnen bis an die Kante des Dammes und ließen sie dann kopfüber den Sandhang hinunterpurzeln. Wenn sie unten ankamen und noch nicht weinten, packten andere Jungen, die unten schon darauf gewartet hatten, sie wieder an den Händen, zogen sie an der Seite den Damm hoch, nahmen oben einen neuen Anlauf und ließen sie erneut holterdipolter den Sandhang hinunterpurzeln. »Sie stinken nach Castrop-Rauxel«, sagte Erwin, »man kann sie kaum anfassen.« –

Zuerst fing dann immer die kleine Edith an zu heulen. Die war erst im dritten Schuljahr. Wenn sie beim Runterpurzeln ein bißchen Sand in den Mund kriegte, fing sie sofort an zu heulen. Dann durfte sie nach Hause gehen. Anneliese, die schon im sechsten Jahrgang war, hielt meistens länger durch. Wegen Sand im Mund weinte sie nicht. Erst wenn beim Runterpurzeln ein

Fuß umgeknickt oder eine Hand verstaucht war, fing sie an zu heulen und durfte dann auch nach Hause gehen oder humpeln, je nach dem. Irmgard, die älteste von den drei Schwestern, saß schon im achten Schuljahr. Sie war ziemlich groß und hatte schon richtige Brüste. Sie schien fest entschlossen zu sein, das Ganze als Spaß zu verstehen. Auch wenn die Jungen sie noch so oft mit vereinten Kräften den Hang hinunterstießen, und wenn sie auch Sand in den Kleidern, im Haar und im Mund hatte, und wenn sie auch zwischendurch manchmal »Aua« rief: Wenn sie unten am Hang aufstand, klopfte sie sich den Sand ab und lächelte, rieb ein bißchen an Armen und Beinen herum, wo es wehtat, und lächelte. Ein bißchen unsicher und verlegen war ihr Lächeln. Aber sie lächelte und weinte nicht. – »Du stinkst«, sagte Erwin ihr einmal ins Gesicht. Alle lachten. Sie lächelte. Erwin steckte ihr im Nacken eine Handvoll Sand unters Kleid. Irmgard schüttelte sich ein wenig und lächelte. Erwin schob ihr eine Handvoll Sand vorne unters Kleid. Irmgard lächelte. »Sie läßt sich von Jungens unters Kleid fassen«, sagten die Mädchen. Irmgard lächelte. Da bildeten Jungen und Mädchen einen Kreis um Irmgard und bewarfen sie von allen Seiten mit Sand. Irmgard hielt sich die Hände vors Gesicht und ließ wie ein Standbild alles über sich ergehen. Jetzt konnte man nicht mehr sehen, ob sie lächelte oder weinte.

Ich war einer von den Jungen des siebten Jahrgangs. Mir tat die Irmgard leid, als sie da mitten im Kreis wie in einer Sandwolke stand und die Hände vors Gesicht hielt, so daß man nicht mehr sehen konnte, ob sie lächelte oder weinte. Aber gegen die Jungen des achten Jahrgangs war ja nichts zu machen. Die in den hintersten Bänken saßen, die waren immer obenauf. Und außerdem hatten sie recht: die drei Mädchen aus Castrop-Rauxel rochen wirklich anders als wir von der Sürenheide.

Das Zigeunermädchen

Unter dem großen wilden Kirschbaum an der Dalkebachbrücke loderte wieder das Lagerfeuer. Fünf sechs Zigeunerwagen standen dicht gedrängt auf dem kleinen Platz zwischen Straßendamm und Erlenbusch unterhalb der Brücke. Verloher Leben stand kurz bevor. Dann kamen immer die Zigeuner. Mama machte am Abend alle Fenster und Türen und auch die Kuhstall- und Schweinestallklappen ganz fest zu, und Papa legte sich einen dicken Eichenknüppel neben das Bett. Abends, als ich schon längst schlafen sollte, stand ich noch lange am Fenster und schaute zum Lagerfeuer hinüber, solange die Flammen flackerten, solange noch die Glut aus der Nacht leuchtete. Ich hatte am Nachmittag, als ich mit einem Sack Roggen zur Mühle fuhr, ein Zigeunermädchen vor einem Wagen hocken gesehen, das ich nicht wieder vergessen konnte. Es hatte einen knallroten Rock und eine schwarze Bluse an. Aber das war es nicht, warum ich es nicht vergessen konnte. Es saß da auf einem Baumstamm und tat nichts. Als ich mit einem Bollerwagen vorüberrappelte, schaute es auf und sah mich an, als ob es etwas fragen wollte, mit ganz großen Augen sah es mich an. Ich zog den Bollerwagen ein bißchen langsamer, blieb aber nicht stehen. Und dann zog ich sogar schneller als vorher, weil mir eingefallen war, daß Papa sich den dicken Eichenknüppel neben das Bett gelegt hatte. Wer weiß, was da in den Zigeunerwagen steckte, und was dahinter lauerte. »Es gibt Hexen bei den Zigeunerinnen, von denen darf man sich nicht richtig anschauen lassen. Sonst ist es schon zu spät.« Das hatte Tante Lene gesagt. Als ich längst am Lagerplatz vorbei war, schaute ich mich nochmal um. Das Zigeunermädchen sah mir nach. Es war natürlich möglich, daß es einfach nur so geradeaus sah, den Pappelweg hinunter zur Mühle. Aber bevor ich mit meinem Bollerwagen herangekommen war, hatte es auf die Erde geguckt und nicht den Pappelweg hinunter. Ich glaubte nicht, daß das schöne Mädchen eine Hexe sein könnte. Hexen waren für mich alte und häßliche Weiber. Trotzdem hatte ich ein komisches Gefühl dabei, als ich sah, daß das Mädchen mir nachschaute. Aber wenn man sich nicht richtig in die Augen gucken ließ, konnte ja nichts passieren. Ich sah mich vorsichtshalber nicht noch einmal um. Erst als ich bei der Mühle vom schnurgeraden Pappelweg abbog, schaute ich nochmal zurück. Das Zigeunermädchen saß noch da. Aber ich konnte nicht mehr erkennen, ob es zu Boden sah oder den Pappelweg hinunter zur Mühle schaute. Ich war schon zu weit weg. Ich legte die Flaschenzug-Kette um den Hals des Roggensackes. Der Müller zog hustend an der knotigen Strippe. Der Roggensack schwebte torkelnd hinauf, baumelte ein wenig oberhalb der Türöffnung, dann zog ihn der Müller mit der einen Hand hinein und ließ die Strippe los. »Du salls dao nich unner staohn bleiben. Dat häw ik di aoll faken noug säggt,« nörgelte der alte Müller und hustete wieder. Ich hatte keine Angst, daß mir der Zentner-Sack auf den Kopf fallen könnte. Ich würde schon rechtzeitig zur Seite springen, wenn die Aufzugkette oder die mehrfach geknotete Handstrippe mal reißen sollte. Ich sah es irgendwie gerne, wenn der pralle Sack über mir in den Himmel hinein schaukelte, wie ich auch gerne auf die dicken Brummer auf der Autobahn hinunter sah, wenn ich auf dem Brückengeländer entlang spazierte.

Während der Roggen gemahlen wurde, turnte ich auf dem Geländer der Dalkebrücke herum und wagte ein paar schwierige Seiltänzerstückchen. Es war ja möglich, daß das Zigeunermädchen mich aus der Ferne beobachtete.

Als ich auf dem Heimweg wieder am Lagerplatz der Zigeuner vorbeikam, war das Mädchen verschwunden. Nur eine alte Frau kniete unten am Wasser und spülte bunte Lappen in der Dalke. Abends als das Lagerfeuer brannte, hoffte ich von meiner Dachkammer aus das Mädchen wiederzusehen. Aber die Schatten vor dem flackernden Feuer waren einander sehr ähnlich. Ich konnte mein Zigeunermädchen nicht herausfinden. Ich war zu weit weg. Ich legte mich ins Bett, konnte aber nicht schlafen. Ich überlegte, was für ein Bett mein Zigeunermädchen wohl haben könnte und ob es wohl schon schlafe. Ein seltsamer Geruch drang vom Lagerfeuer her durch das offene Fenster in meine Kammer. Man hörte nichts. Keine Geigen und keine Lieder, wie das eigentlich zu einem richtigen Zigeunerlager gehörte. Das hatte ich in einem Buch gelesen. Nur hin und wieder ein halblauter Ruf und der seltsame Geruch, eine Mischung aus Kartoffelrankenrauch und Schweinebratenduft.

Am nächsten Tag überlegte ich, ob ich nochmal zur Mühle fahren sollte. Aber einen Sack Roggen mahlen lassen, das gab's nur alle paar Wochen. So viel Roggen hatten wir nicht. Die Schweine mußten hauptsächlich Rüben und Grünzeug fressen, und die Kuh bekam immer nur eine Handvoll Mehl pro Eimer Wasser. Da reichte so ein Sack Mehl ziemlich lange. Oder sollte ich einfach mal so zufällig am Lagerplatz vorbeischlendern? Ich war noch nicht zurande gekommen mit meinen Überlegungen, da passierte etwas Unerwartetes. Mein Zigeunermädchen kam den Birkenweg zu unserm Haus hinauf. Es hatte wieder den knallroten Rock und die schwarze Bluse an. Und es sah schon ziemlich erwachsen aus. An der Hand hielt es einen kleinen Jungen, der sich ziehen ließ. Ich stand im Garten hinter den Johannisbeersträuchern. Das Mädchen hatte mich wohl noch nicht gesehen. Unter dem Randebuer-Apfelbaum blieb es stehen und streckte die Hand nach einem schönen dicken Apfel aus. – Es war ein schlechtes Apfeljahr. Im Mai, als die Apfelbäume blühten, hatte es ein paar Frostnächte gegeben, und aus den rosigen Knospen war sehr schnell Blütenschnee geworden, der zu Boden rieselte und braun wurde wie die Erde. Es hingen nur sehr wenige Äpfel an den Bäumen, und nach dem dicksten und schönsten streckte mein Zigeunermädchen die Hand aus, entdeckte mich hinter dem Johannisbeerstrauch, lächelte, führte die Hand zum Apfel, pflückte ihn aber nicht ab, machte mit der hohlen Hand eine Bewegung um den Apfel herum, als ob es ihn streicheln wollte, zog die Hand zurück, lächelte und ging weiter. Dabei mußte es den kleinen Jungen hinter sich herziehen, der sich anhaltend nach mir umsah. Das Mädchen schaute nicht mehr zurück. Ich wollte ihm nachrufen, daß es den Apfel ruhig pflücken dürfe. Aber ich kriegte kein Wort heraus. Vielleicht hätte ich nur nicken sollen, als das Mädchen den Apfel umfaßte ohne ihn zu berühren. Vielleicht hatte es nur auf mein Nicken gewartet, als es wie streichelnd die hohle Hand um den Apfel herumführte. Vielleicht, vielleicht ...

Am Abend, als ich längst schlafen sollte, stand ich wieder am Fenster meiner Dachkammer und beobachtete die Schatten am Lagerfeuer, konnte aber wieder die Gestalten kaum auseinanderhalten. Wahrscheinlich lag das Mädchen auch schon im Bett. Ob sie ein richtiges Bett hatte? In so einem Zigeunerwagen war ja nicht viel Platz. Und ob sie wohl schon schlief? Oder ob sie auch an die komische Sache mit dem Apfel dachte?

Am nächsten Tag kamen noch ein paar Zigeunerwagen dazu. Es waren jetzt etwa zehn. Sie ließen ihre Pferde nicht am Straßenrand Gras fressen, sondern jagten sie in die angrenzende Kampmannsche Wiese. Sie fühlten sich stark. Kampmanns Hiärm war wütend. Er kam zum Hüttenkonrad und schimpfte gewaltig über die Unverschämtheit der Zigeuner, traute sich aber nicht, zu den Zigeunern hinzugehen und sie aufzufordern, ihre Pferde aus der Wiese herauszutreiben.

»Wenn de Höiskenhinnerk tohous wäör, dann wöar't wat anners«, sagte er.

Papa aber kam immer erst gegen Abend von der Arbeit nach Hause. Ich war sehr froh, daß er nicht zuhause war und nicht gegen die Zigeuner vorgehen konnte. Das bißchen Gras, das die Pferde fraßen, das würde schon wieder nachwachsen. Ich hatte auch ein wenig Angst um Papa. Wenn er mit dem Eichenknüppel oder mit der Mistforke zu den Zigeunern gegangen wäre, was hätte da alles passieren können! Papa war zwar stark wie ein Bulle, aber ob er damit bei den Zigeunern durchkam? Die waren schlau, listig, gelenkig, glatt. Sie hatten etwas Schlangenhaftes. Sie waren nicht zu fassen. Und außerdem wußte man nicht, wozu sie fähig waren, wenn sie gereizt wurden. Zigeuner waren unheimlich. Nein, ich war froh, daß Papa nicht zuhause war. Dabei mußte ich natürlich auch an mein Zigeunermädchen denken.

Kampmanns Hiärm stand mit Hüttenkonrad an der Straße und schimpfte weiter: »Outraikern möß'm dat ganze Lager met den Zigeunerpack.« Da kam von Friedrichsdorf ein offener Lkw mit SA-Leuten dahergefahren. Kampmanns Hiärm winkte wie wild. Der Wagen hielt. Hiärm redete auf die SA-Leute ein. Die fuhren sofort zum Lager und machten kurzen Prozeß. Die Zigeunermänner mußten auf den Lkw steigen. Die Frauen und Kinder standen vor ihren Wagen und schauten wie gebannt rüber zu den Männern auf dem Lkw. Auch mein Mädchen war dabei. Als der Lkw abfuhr, hob es die Hand, als ob es winken wollte, ließ den Arm aber gleich wieder sinken und stand da, steif wie die andern auch, und starrte hinter dem Wagen her.

Ich stand bei Kampmanns Hiärm, Hüttenkonrad und einigen SA-Leuten, die zurückgeblieben waren. Ich hätte jetzt eigentlich lieber an der Seite des Zigeunermädchens stehen mögen. Aber da gehörte ich ja nicht hin. Ich stellte mich hinter einen dicken SA-Mann, daß das Mädchen mich nicht sehen konnte. Die Gruppe der Zigeunerfrauen und -kinder stand immer noch steif da, als der Lkw mit den Männern längst hinter Häskens Busch verschwunden war. Ich wußte nicht recht, was eigentlich los war, aber ich hatte auf einmal das Gefühl, daß es vielleicht doch besser gewesen wäre, wenn Papa mit der Mistforke die Pferde der Zigeuner aus Kampmanns Wiese vertrieben hätte.

Drei SA-Leute machten sich daran, die Zigeunerwagen zu durchsuchen. Dabei warfen sie Töpfe und Kleider zu den Türen hinaus. Zuletzt befahlen sie den Frauen und Kindern, den Lagerplatz innerhalb von 15 Minuten zu räumen.

Die Zigeuner wußten offenbar nicht recht, wohin sie fahren sollten. Ein Wagen war schon in Richtung Bornholte aufgebrochen, da rief eine uralte Frau etwas hinterher, was ich nicht verstehen konnte. Sie fuchtelte wild mit den Händen und zeigte in die entgegengesetzte Richtung. Der Wagen drehte um, und dann fuhren sie alle ab in Richtung Friedrichsdorf. Dorthin war auch der LKW mit den Männern gefahren.

Schön bunt waren die Zigeunerwagen, die da in

traurigem Zug die gewundene Appelbaumchaussee entlang zockelten.

Unter dem wilden Kirschbaum blieben zerbeulte Töpfe und bunte Kleider liegen. Es war auch ein feuerroter Rock dabei. Als alle weggegangen waren, habe ich mir den Rock geholt und in meine geheime Schatzkammer gebracht. Da roch es dann noch lange nach Lagerfeuerrauch.

Ein guter Lehrer

Das wichtigste Ding in unsrer Schule war der Stock. Unser Lehrer hatte zwar auch eine Geige im Schrank. Aber damit konnte er nicht so gut umgehen. Die holte er nur einmal im Jahr heraus, und zwar immer dann, wenn das Winterlied wieder dran war:

»O wie ist es kalt geworden
und so traurig öd und leer.
Rauhe Winde wehn von Norden,
und die Sonne scheint nicht mehr.«

Außer der Geige befanden sich im Geräteschrank noch ein Lineal und ein Dreieck. Diese beiden Gegenstände wurden ein wenig häufiger gebraucht als die Geige. Noch häufiger waren Kreide und Tafellappen und Schwamm im Einsatz. Aber am häufigsten von allen Geräten wurde zweifellos der Stock gebraucht, und zwar nicht der Zeigestock sondern der Schlagstock. Der wurde erst gar nicht in den Schrank gelegt wie Lineal und Geige, der Schlagstock lag ständig griffbereit neben Kreide und Tafellappen. Oft legte ihn der Lehrer auch stundenlang gar nicht aus der Hand. Etwas mußte er immer in der Hand haben, Stock oder Kreide oder Schlüsselbund oder die Kohlenschaufel. Wenn er nichts in der Hand hatte, knöpfte er pausenlos seine Jacke zu und auf und zu und auf. Man konnte es nicht mit ansehen, der arme Knopp, was mußte der aushalten. Da war es fast beruhigender zuzuschauen, wie der Schlagstock von der einen in die andere Hand und von der anderen in die eine Hand wanderte, bis er mal wieder auf dem Rücken eines Mitschülers tanzte. Sehr gefährlich war in dieser Hinsicht die erste Unterrichtsstunde. Der Lehrer mußte wohl regelmäßig schlecht geschlafen oder schlecht gefrühstückt haben oder sonst was. Jedenfalls fing fast jeder Tag mit Schlägen an. Nicht selten traf es völlig Schuld- und Ahnungslose. Z. B. hielt ich einmal die Tür zur Klasse zu, so daß ein paar Nachzügler nicht rein konnten. Auf einmal gab es einen sehr kräftigen Ruck an der Tür. Ich wußte sofort, daß das der Lehrer war. In meiner Not gelang es mir sogar, die Tür noch einmal zuzuziehen und dann schnell auf meinen Platz zu springen. Direkt neben der Tür vor einer Landkarte stand Heiner, der die Emsquelle oder die Hauptstadt oder sonst was auf der Karte suchte und von dem Vorgang an der Tür nichts mitbekommen hatte. Den unschuldigen Heiner schnappte sich der Lehrer, legte ihn über die Bank und verprügelte ihn fürchterlich, nur weil er nahe an der Tür gestanden hatte. Der Lehrer hatte sich buchstäblich den nächstbesten geschnappt. Und niemand konnte es wagen, zu fragen, warum er verprügelt worden war. Zur Antwort hätte er eine zweite Tracht bekommen, damit ihm Aufsässigkeit und Respektlosigkeit beizeiten ausgetrieben würden. – Ein anderes Beispiel: Eines Morgens kam er herein, sprach das Vaterunser und Ave – Maria, griff den Schlagstock und fragte: »Wer hat die Fensterscheiben am Toilettenhäuschen eingeworfen?«

Niemand meldete sich. Die Scheiben im Scheißhaus waren schon etliche Jahre kaputt, weiß der Teufel wie. Als sich niemand schuldig bekannte, ging er mit seinem Stock ans Werk, und da es ihm wohl zu mühsam war, die ganze Klasse zu verprügeln, nahm er einfach die vier Schüler der ersten Bank und die vier Schüler der letzten Bank als Sündenböcke und verprügelte sie stellvertretend für alle, die zwischen der ersten und letzten Bank saßen. Ich saß in der letzten Bank. Eine unbeschreibliche Wut stieg in mir auf, als ich die Schläge bekam, und einen Augenblick lang wollte ich dem Lehrer mein Taschenmesser in den Bauch rammen, aber nur einen Augenblick lang, dann stand die Übermacht des Lehrers mir wieder klar vor Augen, denn hinter dem Lehrer stand mein Papa, der stark war wie ein Stier, und hinter Papa stand der Pastor, dem der liebe Gott und der böse Teufel zur Verfügung standen. Ich weinte nur noch still in mich hinein. Die Mädchen durften das natürlich nicht merken, und ich schnitt Grimassen, die zeigen sollten, daß mir das Ganze nichts ausmachte und daß ich mich nicht unterkriegen lassen würde. Ich spürte die Ohnmacht meiner Wut und die Jämmerlichkeit meiner Grimassenschneiderei und weinte um so bitterlicher nach innen.

Vor allem legte ich Wert darauf, daß die Hildegard nicht merkte, wie zerschlagen ich war. Ich wagte es den ganzen Morgen nicht, offen zu ihr rüberzuschauen. Wie mußte ich in ihren Augen dastehen, einer, der sich ohne Grund verprügeln läßt wie ein feiger Hund, der den Schwanz einkneift, statt dem Übeltäter an die

Kehle zu springen, wie es nicht nur der Mut, sondern auch die Gerechtigkeit gefordert hätte. Ob sie mich überhaupt noch beachten würde, wenn ich die hundert Meter schneller lief als alle anderen und wenn ich im Ringkampf fast immer oben blieb, auch wenn meine Gegner größer waren als ich. Ich hatte das Gefühl, daß alle Siege, die ich errungen hatte, weggewischt wurden durch die Feigheit, mit der ich ungerechte Schläge hinnahm, ohne mich zu wehren. Und es war mir sofort klar, daß ich irgendein dolles Ding machen mußte, um aus der Zerschlagenheit herauszukommen. Ich mußte zeigen, daß ich Mut hatte. So zog ich mittags auf dem Heimweg von der Schule meine Holzschuhe aus, kletterte auf das Geländer der Brücke, die über die Autobahn führte, und turnte darüber hin wie ein Seiltänzer, begleitet vom Hallo und Bravo der Jungen und von staunenden Ah- und Oh-Rufen der Mädchen, bis zum anderen Ende der Brücke. Obwohl ich bei meinem halsbrecherischen Gang das schmale Geländer nicht aus den Augen lassen durfte, schielte ich doch mal kurz zu Hildegard hinüber. Ich glaubte ein Glänzen in ihren Augen zu erblicken, als ob sie sagen wollte: »Ich hab's ja immer gesagt, daß er ein doller Kerl ist. Da seht ihr's.« So was hatte sie in Wirklichkeit nie gesagt. Sie hatte immer nur die Augen niedergeschlagen, wenn ich sie deutlich anschaute, und war ein bißchen rot geworden und hatte ein wenig gelächelt, ein vielsagendes Lächeln. Als ich nach meiner Großtat vom Brückengeländer heruntersprang, sah ich ihr voll in die Augen. Das Glänzen war unübersehbar. Aber sie guckte sofort auf den Boden, wurde ein bißchen rot und lächelte ein vielsagendes Lächeln, und ich zog meine Holzschuhe an und ging halb glücklich und halb unglücklich nach Hause.

Von diesem Tag an führte der Heimweg von der Schule für mich regelmäßig über das lange und schmale Geländer der Autobahnbrücke. Autofahrer auf der Autobahn, die mich da oben balancieren sahen, fuhren manchmal schnell auf den Parkplatz an der Seite, stiegen aus und drohten mir mit der Faust herauf. Aber dann war ich inzwischen längst am anderen Ende der Brücke angelangt, sprang ab und ging vergnügt über das Aufsehen, das ich erregte, nach Hause. Man nahm mich zur Kenntnis, wildfremde Autofahrer aus Berlin oder Köln oder wo immer sie herkommen mochten schenkten mir Beachtung.

Mama durfte von meiner täglichen Seiltänzerei ohne Netz natürlich nichts erfahren. Sie wäre vor Angst gestorben. Sie war nun mal so ängstlich. Ich fühlte mich nach einiger Zeit als Jongleur auf dem Brückengeländer ganz sicher. Und wenn ich an das stille Glänzen in Hildegards Augen dachte, dann schien mir das Risiko, zehn Meter tief auf die Autobahn zu fallen, womöglich just vor einen dicken Brummer, immer wieder lohnend zu sein.

Jeder Tag in der Schule begann mit Religionsunterricht. Hauptgegenstand des Religionsunterrichts war nicht die Biblische Geschichte, sondern der entsetzlich langweilige und unverständliche Katechismus. Und unser Lehrer war ein frommer Mann. Er begnügte sich nicht damit, daß wir die dickgedruckten Merksätze des Katechismus aufsagen konnten. Nein, wir mußten auch das Kleingedruckte Wort für Wort daherleiern, obwohl wir, die wir zu Hause alle nur Plattdeutsch sprachen, die komischen Ausdrücke und Sätze des Katechismus nur halb verstanden. Es gab einige Schüler, die beim Katechismusabfragen jeden Tag Prügel bekamen, weil sie entweder das unverständliche Zeugs einfach nicht behalten konnten oder weil sie lieber Schläge beziehen wollten als die schönen Nachmittage mit stundenlangem Katechismuslernen kaputt zu machen. – Ich hatte Gott sei Dank ein gutes Gedächtnis. Und wie ich in der Meßdienerstunde das lateinische Confiteor abspulte, ohne zu verstehen, was ich da sagte, so machte es mir auch keine großen Schwierigkeiten, das Chinesisch des Katechismus in der Religionsstunde daherzuleiern. Und so wurde ich ein »guter Schüler«.

Unser Lehrer war ein guter Lehrer. Das war allgemein bekannt. Er brachte den Schülern etwas bei, vor allem den Katechismus, Gebote, Verbote, Merksätze, Lehrsätze. Das war das Wichtigste. Rechnen und Lesen und Schreiben, darauf konnte man zur Not verzichten. Wann brauchte man das schon. Wann die Kartoffeln gepflanzt wurden, und welchen Kunstdünger man auf die Roggenfelder streuen mußte, womit man am besten die Schweine mästen konnte, und wieviel Salz und Pfeffer und Zwiebeln in die Blutwurst hineinmußten, alles was wichtig war für dieses Leben auf der Erde, das konnte man lernen ohne viel rechnen und lesen und schreiben zu können. Die Schule war mehr dazu da, auf das jenseitige Leben vorzubereiten, den Schülern das schmale Pättken zum Himmel zu zeigen und die breite Autobahn zur Hölle. Deshalb war der Katechismus auch das wichtigste Schulbuch. Wenn es Zeugnisse gegeben hatte, warf Papa nur kurz einen Blick auf die Note in Religion. Alles andere würdigte er keines Blickes. Aber wehe, wenn in Religion nicht mindestens ein »Gut« dastand! Weil ich ein gutes Gedächtnis hatte, hatte ich in Religion meistens »Sehr gut«. Und so wurde ich ein »guter Junge«.

Unser Lehrer war wie gesagt ein guter Lehrer. Das konnte man vor allem daran sehen, daß er jeden Sonntag in der Kindermesse bei seinen Schülern in der Bank für die Widei-Schule saß und nach dem rechten sah, auch dann noch, als Hitler schon am Ruder war und zwar und die Lehrer nicht mehr so sehr vom Wohlwollen des Pastors abhängig waren.

Von der Schule könnte ich noch viel erzählen. Ich will nur noch sagen, daß der Schlagstock nicht deswegen eine so große Rolle spielte, weil unser Lehrer Spaß daran gehabt hätte, uns zu verprügeln. Er tat nur seine Pflicht oder das, was er für seine Pflicht hielt. Er hatte ja schließlich auch mal einen Lehrer gehabt. Und außerdem wußte er sich wohl auch nicht anders zu retten. Er allein hatte alle acht Jahrgänge zu betreuen. Und außerdem muß ich noch sagen, daß immerhin an einem Tage des Jahres der Schlagstock nicht gebraucht wurde, nämlich am Namenstag des Lehrers. Wir schmückten dann am Nachmittag vorher mit Girlanden und Blumen das Klassenzimmer, schrieben mit bunter Kreide in Schönschrift an die Tafel »Vivat, vivat Anton!« und befestigten am Schlagstock viele bunte Papierrosen. So waren wir wenigstens an einem Tag im Jahr vor Hieben geschützt. Aber schon am Tage nach dem Namenstag riß er regelmäßig die schönen Papierrosen in Fetzen vom Stock herunter, warf sie in den Papierkorb und waltete seines Amtes als guter Lehrer.

Die Maiandacht

Die Buschwindröschen, die aus dem vergilbten Gras des letzten Herbstes herauswuchsen, zurückgezogen unter Bäumen und Sträuchern ihre weißen Kelche mit einem Hauch von Röte öffneten, sie waren für mich die schönsten Blumen. »Die schönsten« ist vielleicht nicht richtig gesagt. Sie waren eher Boten, die etwas sehr Schönes ankündigten. Wenn sie unter den Büschen am Dalkebach ihre Kelche der Sonne hinhielten, dann dauerte es nicht mehr lange, bis die ganze Wäßelwiese gelb war von Schlüsselblumen, bis die Birken am Wegrand grün wurden und dufteten wie ich weiß nicht was, bis der Mai gekommen war. Und der Mai war der schönste Monat nicht wegen lauer Lüfte und bunter Blumen und bezaubernder Düfte, sondern wegen der Maiandacht, die jeden Abend um acht in der Dorfkirche zu Ehren der Jungfrau und Gottesmutter Maria gehalten wurde.

Auch zu Hause wurde ein Maiandachtsaltar aufgebaut, und zwar in der Ecke der Wohnküche, wo die Soldatenfotos hingen, Papa und die großen Brüder und Schwäger, alle in zackiger Uniform, feldgrau. Auf der alten Phoenix-Nähmaschine wurde eine Marienstatue aufgestellt. Die war sehr schlank, hatte unter hellblauem Umhang ein weißes Kleid an, das bis auf den Boden reichte, man sah nur steife Falten, aber keine Beine und keinen Bauch und auch keine Brust. Da wo eigentlich die Brust sein mußte, hatte sie ein blutrotes Herz, und damit man das auch ja zu sehen kriegte, zog sie mit beiden Händen das Kleid auseinander. Unten auf dem Sockel stand geschrieben: »Du vortreffliches Gefäß der Andacht.« Diese merkwürdige Unterschrift war mir bekannt, obwohl ich sie nicht verstand. Es handelte sich um eine der vielen Anrufungen aus der Lauretanischen Litanei, die fast in jeder Maiandacht gebetet wurde: ... »Du geistliches Gefäß, Du ehrwürdiges Gefäß, Du geheimnisvolle Rose, Du Turm Davids, Du elfenbeinerner Turm«, mit heller Singsangstimme schickte der Vikar diese Anrufungen zur Madonna hinauf. Mit dumpfem Gemurmel antwortete das Volk jedesmal: »Bitte für uns!« Irgendwann kam dann auch immer das, was auf dem Sockel unserer Hausmadonna stand: »Du vortreffliches Gefäß der Andacht«. Ich fand diese Maria nicht vortrefflich. Sie war viel zu mager. Und vor allem hatte sie keine Schürze um, unter die man hätte kriechen können. Und man konnte auch nicht den Kopf an ihre Brust drücken. Da war ja das blutrote Herz, das für mich kein ›Gefäß der Andacht‹ sein konnte, weil es mich immer daran erinnerte, wie der Schlächter meiner Muttmutt den Bauch aufschnitt, daß die Innereien hervorquollen. Nein, dies war nicht meine Madonna, wenn ich auch dafür sorgte, daß zu ihren Füßen immer ein dicker Bund Schlüsselblumen stand. Gott sei Dank wurde die abendliche Maiandacht nicht bei uns zu Hause abgehalten. Papa und Mama hielten es für wirkungsvoller, wenn möglichst viele aus der Familie zur Kirche fuhren. Auch die Blagen wurden hingeschickt. Auf diese Weise durften wir wenigstens einen Monat im Jahr ein bißchen länger aufbleiben.

In dem Jahr, als ich 13 geworden war, war jede Maiandacht eine aufregende Sache. Ich ging in der Kirche nicht in die Bank, die für uns Schüler von der Widei-Schule vorgesehen und vorgeschrieben war, damit der Lehrer Anwesenheit und Betragen kontrollieren konnte. Ich setzte mich einfach weiter hinten in eine Bank, von der aus ich die Mädchenbank der Bornholter Schule beobachten konnte, ohne mir die Augen zu verrenken. Mich interessierte natürlich nicht die ganze Bank, mich interessierte nur Annegret. Und so manche Maiandacht lang schaute ich nicht zur Madonna auf, sondern schielte zu Annegret rüber. Einmal hatte sie den ersten Platz am Mittelgang, und ich konnte sie die ganze Zeit, fast ohne zu schielen, schräg vor mir sehen, nur etwa 3 bis 4 Meter entfernt. Ihre Füße und Unterschenkel waren zwar durch die Sitzbank verdeckt. Aber von den Knien an aufwärts hatte ich sie leibhaftig vor mir. Sie hatte ein hellgelbes Kleid an, das ziemlich eng anlag. Wenn sie sich beim Niederknien ein wenig vorbeugte, wölbte sich sanft ein wunderschöner Brötchenpopo unter dem gelben Kleid. Schade, daß sie im fernen Bornholte und nicht bei uns in der Nachbarschaft wohnte. Sonst hätte sich vielleicht mal eine Gelegenheit ergeben. Nicht so wie bei Elfriede auf der Kuhweide unter der Pferdedecke. Das meine ich nicht. Nein, so ganz zwanglos und harmlos beim nachbarschaftlichen Schinkenkloppen. – Das war ein beliebtes

Gesellschaftsspiel im Nachbarhaus. Die Großen spielten es oft stundenlang mit wachsender Begeisterung, und zwar so intensiv, daß mancher am nächsten Tag nicht auf seinem Po sitzen konnte. Aber das war ja nicht schlimm, denn außer zu den Mahlzeiten hatte kaum jemand Gelegenheit zu sitzen.

Einmal – es war beim Polterabend – ging es besonders wild zu beim Schinkenkloppen. Alle hatten jede Menge Bier und ›Würgengel‹ und ›Stacheldraht‹ – so hießen die heimischen Schnaps-Spezialitäten tatsächlich – gesoffen und waren in bester Stimmung. Das Schinkenkloppen fand vor der Haustür im Mondschein statt. Es war ein Mords-Spektakel, denn Konrad hatte schon zum x-ten Male falsch geraten und mußte immer wieder seinen Hintern hinhalten. Es schien ihm nichts auszumachen, obwohl kräftig hingelangt wurde. Ich glaube, er tippte extra immer auf den falschen, weil er dranbleiben wollte. Jedesmal wenn er bei Gisela einbucken mußte, warf sie den Kopf in den Nacken und stieß einen quietschenden Juchzer aus. Aber das ging unter im allgemeinen Hoho und Haha und Buhai. Es war nicht viel zu sehen bei dem Mondscheinlicht, zumal der Mond noch hinter einem großen Apfelbaum stand. Ich lag hinter der Hainbuchen-Hecke am Boden, weil ich eigentlich längst im Bett sein mußte. Aus dieser Froschperspektive konnte ich ziemlich genau sehen, was Konrad machte, bevor Gisela ihren Kopf in den Nacken warf und ihren Quietsch-Juchzer ausstieß. Aber warum dachte ich an sowas in der Maiandacht?

Der Vikar leierte mit seiner jungfräulichen Singsang-

Stimme: »Heilige Gottesgebärerin, Heilige Jungfrau der Jungfrauen, Du reinste Mutter, Du keuscheste Mutter, Du unversehrte Mutter, Du unbefleckte Mutter, Du liebliche Mutter, Du wunderbare Mutter, Du Mutter des guten Rates.« Nach jeder Anrufung murmelte dumpf das Volk: »Bitte für uns!« Ich murmelte mit und dachte an das Schinkenkloppen am Polterabend im Nachbarhaus. – »Du weiseste Jungfrau, Du ehrwürdige Jungfrau, Du lobwürdige Jungfrau, Du mächtige Jungfrau, Du gütige Jungfrau – Bitte für uns, bitte für uns, bitte für uns.« Ich betete mit und schielte zu dem wunderschönen Brötchen von Annegret hinüber, nur 3 bis 4 Meter von mir und doch unerreichbar. Nein, sowas, was Konrad mit Gisela beim Schinkenkloppen am Polterabend gemacht hatte, wollte ich ganz bestimmt nicht mit Annegret machen. Ich betete sie an, wenn ich auch immer wieder auf ihr Popöchen gucken mußte. Beim Schinkenkloppen hätte ich ihr nur einen ganz leichten Klaps auf den Po gegeben, sanft und gefühlvoll und hätte erwartet, daß sie sofort wußte, daß nur ich ihr solch einen zärtlichen Klaps gegeben haben konnte. Und sie hätte mich angeschaut mit ihren unbeschreiblichen Augen und hätte nicht mit dem Finger auf mich gezeigt, wie es sonst bei dem Spiel üblich war, sie hätte mich nur angeschaut. Dafür hätte ich Kloppe hingenommen noch und noch. Aber eigentlich wäre es noch schöner gewesen, wenn sie nur als Einbuck-Kissen mitgespielt hätte. Dann hätte ich mein Gesicht in ihren Schoß drükken können.

»... o Königin, Glück der Erdgeborenen, Hilfe der Christen, einzige Hoffnung der Sünder, Wonne des Alls, jungfräuliche Mutter, schöner als alle Jungfrauen, erhaben über die himmlischen Mächte, Herrscherin, Allkönigin, Entzücken der Menschheit, jungfräuliche Mutter, jungfräuliche Mutter, jungfräuliche Mutter.« Der Vikar betete schon längst wieder was anderes.

Aber ich hatte immer noch im Ohr: »Jungfräuliche Mutter.« Zwischendurch sang die Gemeinde: »Meerstern, ich dich grüße, o Maria hilf! Gottes Mutter, süße, o Maria hilf! Maria hilf uns all hier in diesem Jammertal!« Der Küster, jugendbewegt, war mit der Orgel immer ein paar Noten voraus. Aber die Gemeinde ließ sich dadurch nicht beirren. Sie kostete die stimmungsvollen Schleifen der Melodie aus mit anhaltender Inbrunst. Ich sang die langgezogenen Schleifen aus vollem Herzen mit.

Wenn die Maiandacht aus war, wartete ich solange, bis Annegret ging. Das war eine Gelegenheit, ihr wenigstens für einige Sekunden ins Gesicht zu sehen. Wenn sie aus der Bank trat, graziös ihre Kniebeuge machte, wobei die langen Zöpfe fast den Boden berührten, und sich dann zum Gehen umwandte, konnte ich sie für eine kurze Weile von vorn sehen, ihre sanft gewölbte Brust, ihren Mund und ihre Augen, für die ich einfach keine passenden Eigenschaftswörter finden kann. Für eine kleine Weile konnte sie dann auch mich sehen, und ich meinte, sie müsse mich so anschauen, wie ich sie anschaute. Aber sicher war ich nicht. Sie kannte mich ja gar nicht. Bornholte und Widei, das lag

3 km auseinander. Dazwischen floß der Wühlbach, und überhaupt, das Wasser war viel zu tief. Ich hatte zwar auf vielen Umwegen herausgekriegt, wie sie hieß. Ich war ihr eines Morgens nach der Messe einfach nachgefahren, in großem Abstand natürlich, so daß sie nichts merken konnte, bis tief in die Bauerschaft Bornholte, hatte herausgekriegt, wo sie wohnte, war in einem Anfall von Tollkühnheit direkt vor die Haustür gefahren und hatte das Namensschild gelesen. Jetzt wußte ich zwar ihren Familiennamen. Aber viel wichtiger war mir der Vorname. Wie sollte ich den herauskriegen? Ein Zufall kam mir zu Hilfe. Vor der Kirche beim Aufschließen der Fahrräder rief eine Mitschülerin ihr etwas zu und rief sie beim Namen: Annegret. Jetzt wußte ich, was ich wissen wollte. Ich schwang mich sofort aufs Fahrrad. Auf dem Nachhauseweg schaute ich mich an jeder Biegung der Appelbaumchaussee um und rief ihren Namen. Aber leise, wie eine geheime Zauberformel. Am Birkenweg kletterte ich an einer weißen Birke hoch und flüsterte dabei »Annegret«. Ich ging tief in den Tengerschen Wald. Auf einer Lichtung rief ich halblaut »Annegret«. Ich konnte es doch nicht für mich behalten. Ich stellte mich an den Rand der Autobahn. Und wenn ein dicker Brummer vorbeibrauste, brüllte ich so laut ich konnte: »Annegret!«

Aber Annegret wohnte nicht in der Nachbarschaft, wo man ganz zwanglos Kontakt aufnehmen konnte, und Annegret ging auch nicht in dieselbe Schule. Annegret wohnte in Bornholte, weit hinter dem Wühlbach. Aber wir beide gehörten zur selben Kirche, und da mußte ich ansetzen, wenn ich ihr näherkommen wollte. Morgens nach der Messe fuhr ich immer einen sinnlosen Umweg, um ihr auf dem Heimweg zu begegnen, um ihr für einen Augenblick in die Augen sehen zu können. Es war wirklich immer nur ein Augenblick, denn mit dem Fahrrad ist man ja schnell aneinander vorbei, wenn man in entgegengesetzter Richtung fährt. Ich sah sie nur an und sagte nicht mal ›Guten Morgen‹, denn wir kannten uns ja nicht. Ich hatte einen Brief an Annegret geschrieben, der alles klar machte, aber ich fand keinen Weg, ihn ihr zu geben. Zuerst hatte ich den Plan, den Brief hinten in der Kirche zu überreichen, wenn Annegret nach der Messe oder Maiandacht herausgehen wollte. Die Kirche schien mir der rechte Ort zu sein für die Übergabe meines Briefes, weil hier ja auch unter dem Monokel des göttlichen Dreiecks die Ehen geschlossen wurden. Ja, es war mir sehr ernst mit Annegret und mit meinem Brief, so ernst, daß ich mich nicht traute, ihn zu übergeben. Zwar trug ich ihn ständig bei mir, wenn ich zur Kirche fuhr. Aber nie traf ich sie allein in der Kirche. Irgendeine Oma mußte regelmäßig just dann herausschlurfen, wenn Annegret herausging. Ich konnte den Brief nicht loswerden. Er war mit der Zeit schon ganz zerknittert, und vor allem war er mit der Zeit immer dicker geworden, weil ich fast jeden Tag ein neues Blatt hinzuschrieb. Es handelte sich nicht mehr nur um eine simple Liebeserklärung. Ich eilte den Ereignissen weit voraus und entwarf unser gemeinsames Leben in allen Einzelheiten. Sie sollte immer sonnenblumengelbe Kleider tragen und himmelblaue Schürzen und schneeweiße Unterwäsche, stand in dem Brief. In unserm Garten sollte es Apfel-, Birn-, Kirsch-, Pfirsich- und Pflaumenbäume geben, und Stachel- und Johannisbeeren, und vor allem Erdbeeren, wegen der weißen Blüten mit dem goldenen Herzstück. Unser Haus mußte einen Heu- und Strohboden unterm Dach haben, selbst wenn wir keine Kuh haben sollten. Auf jeden Fall aber mußte ein Schweinestall eingeplant werden. Ein Haus ohne molligen Schweinestall, das war undenkbar für mich. Dies hatte ich in dem Brief in aller Deutlichkeit gesagt, weil mir dies einer der wichtigsten Punkte zu sein schien, über den von allem Anfang an Klarheit herrschen mußte, wenn ein glückliches Zusammenleben gesichert sein sollte. Eine besondere Vorstellung hatte ich auch noch von unserem zukünftigen Ehebett. Es mußte ein kreisrundes Bett sein. Sowas gab es natürlich nicht zu kaufen. Ich würde es selber bauen müssen. Und zwar aus hellen Birkenstämmen. Und die Bettbezüge mußten ein Buschwindröschen-Muster haben, brauner Untergrund, grüne Blätter und weiße Blüten mit einem Hauch von Röte. – Das alles stand in dem Brief an Annegret, und täglich fügte ich einen weiteren Mosaikstein unseres zukünftigen Zusammenlebens hinzu. Der Brief wurde dick wie ein Roman, weil ich keine Gelegenheit fand, ihn zu überreichen. Und nachdem nun schon so viel darin stand, konnte man ihn ja auch kaum noch so ohne weiteres wie eine Weihnachtskarte losschicken. Es mußte der Überreichung des gewichtigen Briefes etwas vorausgehen. Ich konnte Annegret nicht unvorbereitet ein Gemälde unseres gemeinsamen Buschwindröschen-Rundbettes überreichen, nachdem ich bisher noch nicht mal gewagt hatte, sie zu grüßen. Das wurde mir allmählich klar. Ich mußte versuchen, irgendwie mit ihr in ein zwangloses Gespräch zu kommen. Ich hatte eine Idee: Wir hatten in unserem Garten einen Sommerapfelbaum, der wirklich einmalige Äpfel trug. Ich habe später nirgendwo in der Welt Äpfel gefunden, die so gut schmeckten und so gut aussahen wie die Äpfel von unserem verkrüppelten Sommerapfelbaum. Den schönsten suchte ich aus, pflückte ihn vorsichtig, wickelte den goldgelben Sommerapfel in blaues Seidenpapier, das vom Papierrosenmachen des letzten Polterabends übriggeblieben war, fuhr am nächsten Morgen zur Kirche und legte das Päckchen auf den Gepäckträger von Annegrets Fahrrad. Ich blieb in einiger Entfernung stehen und war nunmehr fest entschlossen, ihren zu erwartenden Ausruf »Was ist denn das?« oder so ähnlich zum Anlaß zu nehmen, die Sache aufzuklären und endlich mit ihr zu sprechen. Ich wartete ungeduldig und las x-mal die Inschrift am Kreuz vor mir: Rette deine Seele! Die Messe war endlos. Aber dann war sie endlich doch aus. Und Annegret kam heraus. Aber nicht allein. Sie hatte einen größeren Jungen bei sich, den sie gut zu kennen schien, denn die beiden flachsten miteinander. Als sie das blaue Päckchen auf ihrem Gepäckträger entdeckte, rief sie programmgemäß aus: »Was ist denn das?« Aber das weitere verlief nicht programmgemäß. Sie machte das Seidenpapier ab und hielt den schönsten Sommerapfel der Welt in der Hand und sagte: »Ein Apfel.« Und zu ihrem Begleiter gewandt: »Magst du einen Apfel? Ich esse lieber Birnen.« Der nahm den Apfel und biß sofort hinein. »Nicht schlecht«, sagte er schmatzend. Dann stiegen beide auf ihre Räder und fuhren gemeinsam ab. Ich stand da wie eine Vogelscheuche.

Später fuhr ich zur Wühlbachbrücke, nahm den dicken Brief an Annegret aus der Tasche über dem Herzen, zerriß die Blätter in tausend Stücke, streute das Papier-Häcksel ins Wasser und sah die Fetzen davonschwimmen, vom Wühlbach in die Dalke, von der Dalke in die Ems und von der Ems ins Meer. Der heilige Nepomuk, der Märtyrer der Verschwiegenheit, sah mir über die Schulter.

Maiennacht

An diesem Nachmittag hatte ich mehr Angst als sonst. Ich wußte, sie würden kommen in der Nacht. Und ich hatte die ›Flurwache‹. Zusammen mit Hüttenhinnerk und Ossenbrinks Opa. Hüttenhinnerk war noch älter als Ossenbrinks Opa. Er hieß nur nicht Opa, weil er als ›Öhm‹ auf dem Hüttenhof geblieben war und also keine Kinder und Enkelkinder hatte. Er war ganz krumm, sah immer zur Erde und ging immer daher wie über den Pflug gebeugt. Wenn er zum Himmel aufschauen wollte, drehte er den Kopf zur Seite, blinzelte aus den Augenwinkeln in die Sonne und prüfte mit einem schrägen Blick, wie nah die Gewitterwolke schon herangekommen war. Ossenbrinks Opa dagegen ging aufrecht und steif daher wie ein Stock. Er konnte sich kaum noch bücken. Beide kamen nur noch langsam voran, auch wenn es ins trockene Heu regnete. Beide waren weit über siebzig. Und ich war gerade fünfzehn geworden. Und ich hatte Angst, wenn es dunkel wurde am Dienstag- und am Samstagabend. Dann hatte ich nämlich Wache mit den beiden Opas. Was konnten wir schon ausrichten gegen die Banden, die durchs Land zogen, bis zu zwanzig Mann stark und bewaffnet mit Gewehren und Pistolen. Und was hatten wir in der Hand? Äxte, Pflugstöcke, Brechstangen und Lärminstrumente – gegen Pistolen und Gewehre. Alarm schlagen, das war unsere Hauptwaffe. Das wirkte bei den Banden. Ich hatte es zuerst nicht glauben wollen. Aber es gab Beweise. Ich hatte eine alte Motorrad-Tröte als Lärminstrument. Den Gummibalg hatte ich abgezogen, so daß man mit dem Mund hineinblasen konnte. Das Ding war lauter als ein Jagdhorn, und nachts klang es ziemlich schauerlich und war weithin zu hören. Als eine Bande bei Kampmanns eingebrochen war, hatte ich aus dem Dachfenster heraus die Motorrad-Tröte geblasen. Mit verblüffendem Erfolg. »Sie hatten mir gerade das Hemd über die Ohren gezogen«, erzählte die junge Kampmannsche hinterher, »da ertönte von weitem ein komisches Signal. Sie sahen sich fragend an, gaben mir einen Schubs, daß ich in die Ecke flog, schossen ein paar Mal aus dem Fenster und zogen ab.« Das hatte die Kampmannsche erzählt. Und das komische Signal war mein Motorrad-Tröten-geblase gewesen. Seither nahm ich die Tröte immer mit, wenn ich Wache hatte. Das war meine Waffe. Aber ich fühlte mich trotzdem ziemlich wehrlos. Und Hüttenhinnerk und Ossenbrinks Opa? Was konnten sie machen mit Axt und Pflugstock, wo sie doch schon Mühe hatten, sich auf den Beinen zu halten. Ja, wenn Papa dagewesen wäre! Mit dem hätte ich wohl auf Wache gehen wollen. Ihm traute ich zu, daß er nur mit einer Mistforke bewaffnet eine ganze Bande in die Flucht schlug, auch wenn die Gewehre und Pistolen hatten. Eigentlich wußte ich wohl, daß man auch den stärksten Mann mit einer einzigen Kugel umlegen konnte. Aber für Papa konnte das nicht gelten. Ich wußte zwar, daß die Kugeln nicht wunderbarerweise von ihm abprallen würden. Aber ich war überzeugt, daß er bei seinem breiten Kreuz durchaus drei, vier, fünf Kugeln verkraften würde, ohne die Mistforke sinken zu lassen. Aber Papa war weg, wie alle Männer. Es war noch keiner aus der Gefangenschaft zurückgekehrt. Nur Opas waren noch da, die man nicht mal mehr zum Volkssturm hatte gebrauchen können, und Jungen, die man noch nicht hatte gebrauchen können. Alte Opas und Jungen, die gerade aus der Schule entlassen waren, die sollten die Beschützer sein für die Frauen in den Betten und für die Schinken und Würste in den Rauchkammern.

An diesem Samstag hatte ich schon am hellen Nachmittag um 4 Uhr Angst, als ich ins Bett sollte, um vorzuschlafen. Dabei sah alles so friedlich aus. Der Roggen war mannshoch. Gelbe Samenwolken schwammen auf den wogenden Feldern, verloren sich in den blühenden Wiesen. Sehr schön sah das alles aus und sehr friedlich. Eine Lerche stieg munter tirilierend auf und wollte gar nicht mehr aufhören mit Singen und Steigen und Steigen und Singen. Und ich stand am Fenster und konnte nicht aufhören ihr nachzuschauen und wollte nicht ins Bett, weil ich wußte, wenn ich geweckt werde, wird es dunkel und ich muß aus dem Haus mit meiner Motorrad-Tröte, hinein in die Nacht. Ich hatte Angst, daß die Banden sich nicht auf Dauer von dem bißchen Lärm vertreiben lassen würden. Wenn sie erst merkten, daß nach dem Alarmschlagen nichts passierte, würden die Hörner und Tröten wirkungslos bleiben, und auch die schaurig heulenden Sirenen, die manche

Bauern installiert hatten, würden dann keinen mehr in die Flucht schlagen. Das Überfallkommando war in Gütersloh stationiert. Bis die den Weg fanden zu einzelnen Höfen in den abgelegenen Bauerschaften von Klarholz, Verloh und Herzebrock, verging eine lange Zeit, auch wenn die Verständigung mit den Engländern klappte. Sie kamen regelmäßig erst dann, wenn alles vorbei war, wenn Uhren und Ringe, Schinken und Würste weg waren und die Frauen sich hatten unterkriegen lassen müssen.

Als die Lerche wie ein Stein zu Boden gefallen war, zog ich die Gardinen zu, kroch ins Bett und zog mir die Decke über den Kopf. Ich konnte nicht einschlafen. Eigentlich hätte ich zum Beichten fahren müssen. In meinem Tagebuch standen schon wieder etliche Kreuze. Wenn mir in der Nacht etwas passieren würde, sah es düster aus. Ich konnte aber nicht zur Kirche fahren, weil Mama und Tante und die großen Schwestern das natürlich gemerkt hätten und sich dann natürlich gefragt hätten, warum ich außer der Reihe zum Beichten fahren mußte, wo die Jünglinge von Bornholte und Verloh doch gerade erst vor einer Woche dran gewesen waren. Warum sollte ich schon nach acht Tagen wieder zur Beichte gehen müssen, ich, der die Frauen und Mädchen vor den Unholden der Nacht beschützen sollte?

Ich schlief sehr unruhig und hatte schlimme Träume:

Eine Armee von Fremdarbeitern rückte im Halbdunkel heran, kam aus der Wäßelwiese, und als sie über den Wühlbach setzten, da waren es auf einmal lauter schwarze Teufel mit einer glühenden Pistole vor dem Bauch. Ich stieg auf einen großen Maulwurfshügel und blies in mein Alphorn das Lied »Lobet den Herren, den mächtigen König der Ehren«. Das Alphorn reichte von meinem Hügel herab bis an das Ufer des Wühlbachs. Dort quirlten die Noten hervor, wuchsen rasch zu großen weißen Engeln heran, stürzten sich auf die schwarzen Teufel und versuchten ihnen die rotglühenden Pistolen zu entreißen. Es gab ein wildes Gerangel. Die einzelnen Kampfpaare verhedderten sich zu einem riesigen Knäuel von Flüche keuchenden Teufeln und Halleluja quietschenden Engeln. Das Knäuel rollte auf die alte Mühle zu und plumpste in den Kolk. Mit einem vielfachen Bluppbluppblupp ging es unter. Eine Weile war alles still. Dann entstand ein Wirbel im Wasser. Der Kolk begann zu kochen, und aus den aufsteigenden Dämpfen sprangen lauter schwarze Teufel ans Ufer und rückten auf meinen Hügel zu. Es waren doppelt so viele als vorher. Ich blies mit aller Kraft in mein Alphorn: »Lobet den Herren, den mächtigen«. Wieder purzelten unten die Noten heraus. Aber aus dem Notenschwarm wurden jetzt lauter schwarze Teufel, alle mit glühenden Pistolen vor dem Bauch. Sie umringten meinen Hügel. Das riesige Alphorn schrumpfte zur Motorrad-Tröte zusammen, und mein Feldherrnhügel schrumpelte zu einem Maulwurfshaufen. Die Teufel bildeten Kreise um mich herum, unübersehbar viele hintereinander, und jeder Teufel hielt mit beiden Händen seine rotglühende Pistole in Anschlag auf mich gerichtet. Ich wagte nicht mehr ins Horn zu blasen. Über der langhingestreckten Schlange des Teutoburger Waldes ging das Stielauge im goldenen Dreieck auf, bedrohlicher als tausend Teufel.

Ich war klatschnaß, als ich vor Angst wach wurde. Draußen war es dämmrig. Da kam auch schon Mama die knarrende Treppe herauf, um mich zu wecken. »Ich bin krank«, sagte ich. – »Das hast du doch schon beim letzten Mal gesagt«, antwortete sie. Und ich stand auf und machte mich fertig zur Nachtwache. Vom Sandknapp drüben leuchtete der Ginster golden herüber. Der späte Flieder duftete stärker als am Nachmittag, und statt der Lerche über dem Roggenfeld sang jetzt in den Büschen am Wühlbach die Nachtigall. Es war alles friedlich. Von weitem hörte man Panzer rasseln. Aber deswegen brauchte man sich nicht zu fürchten. Der Krieg war seit einigen Wochen vorbei, und vor den Soldaten hatte niemand mehr Angst. Aber alle zitterten vor den Banden, die nachts umherzogen. Niemand wußte genau, was das für Leute waren. Gewohnheitsverbrecher, die beim Umsturz aus Gefängnissen und Zuchthäusern entkommen waren und nun die neue demokratische Freiheit nutzten? Oder Russen und Polen, die im Krieg als Fremdarbeiter in den Fabriken und auf den Höfen hatten arbeiten müssen und die nun die Gelegenheit zur Vergeltung ergriffen? Die einen sagten dies, die anderen das. Einige meinten sogar, diese Dunkelmänner könnten eigentlich nur Neger sein, die mit den Amerikanern ins Land gekommen seien. Gerüchte über unwahrscheinliche Grausamkeiten gingen um. Ich glaubte davon nicht die Hälfte. Aber der Rest reichte auch schon zum Fürchten.

Mir schmeckte das Essen nicht. Mama hatte Pickert gebacken. Pickert mit Rübenkraut, es wollte nicht rutschen. Als Mama das merkte, holte sie ein Stück selbstgekernte Butter aus dem Keller. Ich tat ihr den Gefallen und aß einen Streifen Pickert mehr. Dann kamen Hüttenhinnerk und Ossenbrinks Opa vorbei und holten mich ab zur Nachtwache. Ich mußte mit, ich konnte ja nicht schon wieder sagen, daß ich krank sei.

Blaß wie ein zu früh gewendeter Pfannekuchen hing der Mond am dürren Ast der tausendjährigen Eiche. Er machte ein langes Gesicht. Wir hatten abnehmenden Mond. Zu dritt schlurften wir ziemlich schweigsam über die Feldwege unseres Bezirks. Noch konnten wir geruhsam gehen. Die Überfalltrupps kamen meistens erst kurz vor Mitternacht. Aber schon jetzt hielt ich meine Motorrad-Tröte griffbereit für alle Fälle. Ich wußte, daß sie heute kommen würden.

Kurz nach Mitternacht klirrte eine Scheibe auf Holtkämpers Hof. Bald darauf schrie eine Frau »Hölpe, Höl...!« in die Nacht. Der Ruf erstickte mitten im Wort. Ich stieß ins Horn. Es hallte schaurig durch die Mainacht, schauriger noch als der Hilferuf der jungen Holtkämperschen. Die mußte es gewesen sein. Dann fielen einige Schüsse. Das mußte nicht bedeuten, daß jemand erschossen worden war. Wenn es den Banditen nicht gelang, den Überfall so lautlos zu machen, daß die Nachbarn nichts merkten, dann schossen sie immer ein paarmal in die Luft, um mitzuteilen, daß man es mit bewaffneten Leuten zu tun habe und daß man ihnen nicht zu nahe kommen solle.

Was sollten wir machen? Hüttenhinnerk hatte eine Axt mit, Ossenbrinks Opa einen dicken Pflugstock und ich meine Tröte. Wir stellten uns erst mal hinter dicke Fichten im Wäßelbusch, um keine Zielscheibe im Mondschein abzugeben. »Wat nu?« sagte Hüttenhinnerk. »Blaos, Junge, blaos, dat de Hinnersmegger wach wätt un de Sirenen anstellt!« Ich stieß ins Horn, so laut ich nur konnte. Und bei Hinnersmeier ging tatsächlich bald darauf die Sirene los. »So, nou sött se wull laupen«, sagte Ossenbrinks Opa. Der auf- und abschwellende Sirenenton heulte schauerlich durch die Nacht. Vom Holtkämpers Hof her aber hörte man neue Schüsse, nicht das Getrappel von abziehenden Trupps. Es waren also hartgesottene Banditen, die sich nicht einschüchtern ließen, oder einfach Leute, die Bescheid wußten, daß das Alarmschlagen keine Gefahr für sie bedeutete, daß das Überfallkommando, wenn überhaupt benachrichtigt, mindestens eine Stunde brauchte, um den richtigen Hof in der Bauerschaft zu finden.

Ich mußte immer daran denken, warum der Hilferuf der Holtkämperschen wohl mitten im Wort aufhörte. »Höl...« hatte sie zuletzt gerufen. Dann war sie verstummt. Ich horchte angestrengt in die Nacht, hörte aber nichts. Sie mußte doch um Hilfe rufen. Sie war jung und sah ganz gut aus. Oder hatte man ihr einen Knebel in den Mund gestopft? Oder stand einer mit der Pistole daneben und drohte, sie zu erschießen, wenn sie schreien würde? »Wat nu?« sagte Hüttenhinnerk. – »Nix to maken«, sagte Ossenbrinks Opa. – »Aber wir müssen doch was unternehmen«, sagte ich. – »Et is nix to maken«, wiederholte Ossenbrinks Opa und lugte vorsichtig hinter dem Baumstamm vor. Ich fühlte mich sehr elend: eine Frau schrie um Hilfe, und wir blieben hier tatenlos hinter dicken Bäumen stehen, wir die Wächter. Andererseits war ich froh, daß die weisen Alten sagten, es sei nichts zu machen, weil ich Angst hatte, aus dem Schatten des Baumes hervorzutreten. Ich stieß ins Horn, so laut es ging. Ich pustete mir die Lunge aus dem Leib, bis mir schwindelig wurde.

Ich weiß nicht, wie lange wir so gestanden haben. Es war schrecklich lange. Auf einmal hörten wir den Schrei eines Mannes, das Gebrüll eines Mannes. Das mußte Holtkämpers Korrad sein. Kurz darauf von der Landstraße her das Getrappel des abziehenden Trupps. Wir gingen vorsichtig zum Hof. Aus dem Schlafzimmer drang das Stöhnen des alten Korrad und das Wimmern der jungen Frau. Sie lagen nebeneinander im Bett. Korrad in einer großen Blutlache. »Wat is passiert?« fragte Hüttenhinnerk.

Aus dem Gewimmer der Holtkämperschen wurde folgender Hergang deutlich: Sechs oder sieben Männer hatten nacheinander die junge Bäuerin untergekriegt. Katinka, das Polenmädchen, war dabei und schaute zu und sagte immer wieder: »Getz du sehen wie ist das. – Getz du sehen wie ist das.« Der alte Holtkämper wurde gezwungen zuzugucken, als sie sich der Reihe nach über seine Schwiegertochter hermachten. – Dann mußte Korrad sich ausziehen. Katinka holte das große Brotmesser aus der Küche. Vier Mann hielten den Korrad fest. Katinka nahm einen großen Schluck aus der Schnapsflasche und schnitt Korrad den Sack ab. – »Getz du nix mehr kaputtmachen«, hatte sie noch gesagt, als sie rausging. Dann war der ganze Trupp schnell abgezogen. – »Wir sind doch immer gut zu ihr gewesen«, jammerte die Holtkämpersche. Korrad stöhnte und fluchte nur.

Es stellte sich heraus, daß dies ein ungewöhnlicher Überfall war. Es fehlte nichts. Die Leute hatten keine Uhren und Ringe und keine Würste und Schinken mitgenommen, obwohl doch Katinka, das Polenmädchen, dabei war, die genau wußte, wo man solche Sachen bei den Holtkämpers finden konnte. Sie hatte mehrere Jahre auf dem Hof gearbeitet, bis die Amis kamen. Ich konnte mich noch gut erinnern, wie Katinka nach dem Polenfeldzug als junges Mädchen zu Holtkämpers gekommen war, als der junge Bauer eingezogen wurde. Sie hatte immer ein Kopftuch um und blickte immer scheu zur Seite, wenn man sie anschaute. Ich hatte ihr vor Jahren an einem Nachmittag beim Kartoffelauskratzen geholfen, als Korrad ihr einfach keine leeren Körbe brachte und Katinka sich auf allen Vieren mit den übervollen Kartoffelkörben abquälen mußte und bei aller Schinderei einfach nicht mitkam und immer Angst haben mußte, daß der halbblinde Ackergaul, der schon die nächste Furche zog, ihr in die Hacken trat. Ich wußte noch genau, was Korrad damals zu Katinka gesagt hatte. »Na, hastes dir überlegt?« hatte er gesagt. Und als Katinka nur weinte und nichts sagte, hatte er den leeren Korb wieder mitgenommen und zu einer anderen Kratzerin gebracht. Katinka hatte sich auf die Hacken gesetzt und mit dem Ärmel die Tränen abgewischt. An diesem Nachmittag hatte ich ihr helfen können. Aber an den folgenden Tagen nicht. Und nach drei Tagen brauchte sie meine Hilfe nicht mehr. Korrad hatte sich damals mächtig verändert. – Und jetzt hatte die scheue und sanfte Katinka sich sehr verändert. Als ich nach dieser Nachtwache im Morgengraun wieder in mein Bett kriechen durfte, war an Schlaf nicht zu denken.

Ich hatte ein Bild vor Augen, das mich nicht zur Ruhe kommen ließ. Komischerweise nicht das gräßliche Bild von dem alten Korrad, der mit seiner Schwiegertochter im blutverschmierten Bett lag, sondern das Bild von der alten Holtkämperschen, die wir nebenan in der guten Stube gefunden hatten. Wie eine Plastik aus Holz saß sie im Schaukelstuhl, schaukelte geruhsam und murmelte unverständliche Sprüche vor sich hin.

Erzengel und Jungfrau im Totenkeller

Nachdem Annegret Hempkensamtenschnieder den schönsten Sommerapfel der Welt, den ich ihr schenken wollte, verschmäht hatte, mich einfach da stehen ließ und mit nichtigem Geplauder wegfuhr, und als ich dann die tausend Fetzen meines dicken Liebesbriefes im Wühlbach davonschwimmen sah, da kam mir die Idee, auf alle Mädchen und Frauen der Welt zu verzichten und lieber Pastor oder Pater zu werden. Aber ich saß im achten Schuljahr der Volksschule und war nicht auf einem Gymnasium, wie man das sein mußte, wenn man ›Geistlicher‹ werden sollte. Auf den Gedanken, mich zum Gymnasium zu schicken, wären meine Eltern nicht im Traum gekommen. Wie sollten sie auch! Sie hatten Last genug damit, alle zehn Kinder satt und groß zu kriegen. Den Sohn eines Maurers zum Gymnasium zu schicken, das war nicht drin. Es war also schon eine ziemlich kühne Idee von mir, Pastor werden zu wollen oder sowas ähnliches. Aber die Sache war doch nicht ganz unmöglich, denn wenn einer Geistlicher werden wollte und auch nach Meinung des Pastors, der ein Sittenzeugnis ausstellen mußte, das Zeug dazu hatte, in seine Fußstapfen zu treten, dann fanden sich irgendwie Mittel und Wege, einem solchen Knaben Latein und Griechisch beizubringen und ihn in einem bischöflichen Konvikt für den Posten eines

Statthalters des römischen Pontifex maximus zu präparieren.

Daß ich nach dem Sittenzeugnis des Pfarrers für geeignet befunden wurde, Geistlicher zu werden, das überraschte mich doch einigermaßen, zumal ich ja schon als kleiner Dotz schwerwiegende Glaubenszweifel bezüglich der Jungfräulichkeit der Gottesmutter Maria zu beichten gehabt hatte. Aber solche gravierenden Dinge hatte ich eben nicht beim Pastor gebeichtet. Mit solchen Sachen war ich zu einem ›fremden Beichtvater‹ gegangen, ich war ins Nachbardorf gefahren, wo mich niemand kannte.

Kurz und gut: Ich kam in eine Klosterschule der Weißen Väter. Das Hauptgebäude des Klosters war in der Form eines großen liegenden Kreuzes gebaut und hieß deswegen Kreuzburg. Nachdem die Klosterschulen von den Nazis aufgelöst worden waren, hatte man im Krieg das Vinzens-Krankenhaus aus der Stadt ins Klostergebäude verlegt, da in der Stadt alles, auch das Krankenhaus, von den Bomben der Amerikaner zerstört oder lädiert war. Jetzt, unmittelbar nach dem Kriege, war die Kreuzburg immer noch von den Vinzentinerinnen mit ihren Kranken besetzt. Die Klosterschule wurde in einem Nebengebäude wiedereröffnet. Unser Schlafsaal war in einem Nebengebäude des Nebengebäudes, nämlich im ehemaligen Hühnerstall. So wurden wir frühzeitig auf unwirtliche Lebensbedingungen vorbereitet, wie sie den Weißen Vater ja später bei den Negern im Afrikanischen Busch ohnehin erwarteten. Zwischen Haupt- und Nebengebäude verlief eine unsichtbare Trennungslinie, die sich durch Garten und Waldstück in Form eines Drahtzauns fortsetzte. Auf der einen Seite die Weißen Väter im Beduinenlook mit rotem Fez, auf der anderen Seite die Vinzentinerinnen mit den abenteuerlichen weißen Flügelhauben, wie sie Bretonische Bäuerinnen im Mittelalter getragen haben sollen. Auf der Seite der Patres hatten sich natürlich auch die Klosterschüler aufzuhalten, auf Seiten der Vinzentinerinnen die weltlichen Krankenschwestern und Küchenmädchen und Putzfrauen. Kontakte über den Zaun hinweg, etwa im Wald – an sich wohl denkbar –, waren schwer herzustellen, da ja ständig so viele Augen wachten und sich gegenseitig in der Linientreue bestärkten.

An den Sommerabenden, wenn wir schon um 9 ins Bett mußten, aber wegen der brütenden Hitze unter dem Flachdach des Hühnerstalls und wegen der dauernd sirrenden und pieksenden Mücken nicht einschlafen konnten, zumal es draußen noch hell war und wir keine Gardinen zum Abdunkeln hatten – an warmen Sommerabenden also wanderten von den Strohsäcken der Klosterschüler neugierige und sehnsüchtige Blicke hinüber in die Zone jenseits der Demarkationslinie, wo junge und alte Nonnen, in Gebetbücher vertieft, auf und ab gingen. Die Tracht der Vinzentinerinnen war ziemlich aufregend. Ihr Kleid saß eng auf Taille, das Oberteil straff anliegend, so daß man nicht darauf angewiesen war, die Weiblichkeit des Oberkörpers erahnen zu müssen. Der Kleiderrock dagegen, bis auf die

Füße reichend, war so weit zugeschnitten, daß hinter den gekräuselten, gerafften und gefältelten Stoffmassen auch nicht die Spur eines Körpers zu entdecken war. Ein halbes Dutzend Kinder hätte sich schätzungsweise ganz gut unter so einem Vinzentinerinnenrock verkriechen können. Lauter potentielle Schutzmantelmadonnen oder vielmehr Kleiderrockmadonnen. Sie hatten das Gelübde der Jungfräulichkeit abgelegt, die weiten Mutterröcke waren also eigentlich ziemlich unsinnig. Sie hatten nur den Sinn, zu verbergen, daß so eine Nonne auch einen richtigen Bauch, einen richtigen Hintern und richtige Beine hatte. Auch beim Gehen traten keine Körperteile hervor. Die Schwestern bewegten sich wie Statuen auf Schlittschuhen. Wir konnten sie von unseren Betten aus im Liegen gut beobachten, weil unsere Hühnerstallfenster fast bis zum Boden reichten. Als ›Braut Jesu‹ bezeichnete sich jede Schwester und trug einen goldenen Gelöbnisring. Ob es ihnen gar nichts ausmachte, daß dieser Jesus so viele Bräute hatte? Und warum eigentlich nur Braut Jesu bis in alle Ewigkeit? Warum nicht nach angemessener Erprobungszeit ›Ehefrau Jesu‹? Zur Kennzeichnung enger Verbundenheit und Zugehörigkeit wäre die Vorstellung von der Ehefrau doch noch besser gewesen. Oder ließen sich mit dem Sakrament der Ehe keine so schön geistlichen Beziehungen verbinden wie mit der altfränkischen Brautschaft, wo man noch auf das Eigentliche wartete und also noch hoffen konnte?

Jenseits der Demarkationslinie tauchten nicht nur vermummte Nonnen, sondern auch weltliche Krankenschwestern auf, die zwar auch ihre Knie versteckt hielten, sonst aber wie richtige Fraumenschen aussahen. Und dann waren da noch die Küchenmädchen, die unverhohlen zu uns rüberguckten, sich in die Rippen stießen und kicherten, sich gegenseitig etwas in die Ohren flüsterten und kicherten, komische Sprünge machten wie Fohlen auf der Weide – und kicherten, und immer wieder zum Hühnerstall rüberschauten und kicherten und kicherten. Sie trugen leichte bunte Sommerkleidchen. Sie zeigten blanke Arme und bloße Knie, und wenn sie ihre Fohlensprünge machten, dann war da noch einiges mehr zu sehen. Und mancher Klosterschüler wälzte sich unruhig in seinem Bett oder lag ganz steif wie eine Puppe, faltete die Hände auf der Brust – nicht auf dem Bauch! – und betete das Stoßgebet »Sub tuum praesidium confugimus, sancta Dei Genitrix…« Dies Stoßgebet hatte Pater Spiritual uns warm empfohlen, wenn Gefahr drohe. Wer nie Klosterschüler war, wird kaum begreifen können, was für eine Gefahr ein paar locker herumhopsende Küchenmädchen für einen auf knisterndem Strohsack liegenden Klosterschüler darstellen können.

Mich regten die Mädchen weniger auf. So einer hatte ich den schönsten Sommerapfel der Welt schenken wollen. Die weltlichen Krankenschwestern in ihrer adretten blauweißen Kluft fand ich schon interessanter, aber den Schlaf raubte mir eine junge Vinzentinerin, die ich von weitem an einer bestimmten Neigung des Kopfes erkannte. Wenn sie da drüben jenseits der Trennungslinie auf und ab ging, konnte ich keinen

Blick von ihr lassen. Und solange in ihrer Zelle Licht brannte – auch das konnte ich von meinem Bett aus sehen, ich hatte einen Fensterplatz –, konnte ich nicht einschlafen. Manchmal, wenn auch nur selten, war ihr Schattenriß hinter den Gardinen sichtbar, ein wenig unscharf zwar, aber doch ganz deutlich erkennbar. Sie hatte ein Profil, das war – mir fällt kein richtiges Wort dafür ein, aber ich blieb manchmal stundenlang wach, um es kurz von ferne zu sehen. Wegen der Demarkationslinie zwischen Schwestern- und Patres-Zone gelang es mir nur selten, sie von nahem zu sehen. Aber es gab einen Berührungspunkt zwischen Schwesternhaus und Klosterschule, das war die Kapelle im Hauptgebäude, die an Sonn- und Feiertagen zu festlichen Hoch- oder Levitenämtern sowohl von den weiblichen als auch von den männlichen Asketen gemeinsam benutzt wurde. Für den Alltagsbedarf hatten die Patres im Nebengebäude über den Schweineställen eine kleine Kapelle eingerichtet, damit der Eiserne Vorhang nicht durch fromme Übungen täglich durchlöchert werden sollte. Aber für ein Levitenamt mit Drei-Mann-hoch am Altar und mit mindestens einem Dutzend Meßdienern war die Notkapelle einfach zu klein. An sich mochte ich die winzige Kapelle im Nebengebäude recht gern. Sie war nicht höher als ein normales Zimmer. Nirgends ein Ausbruch aus menschlichen Dimensionen, nirgends ein Aufschwung in übermenschliche Regionen, auch kein »Aufzug zum Himmel« in diesem Kapellen-Zimmer, gebeichtet wurde auf den Zimmern der Patres zwischen Schreibtisch, Stuhl und Strohsack. Außerdem gefiel mir die kleine Kapelle auch deswegen noch gut, weil es hier immer ein bißchen nach dem darunter liegenden Schweinestall roch, das machte sie noch menschlicher. Hier konnte man zu sich selbst kommen.

Trotzdem konnte ich die Feiertage kaum abwarten, an denen wir in die große Kapelle der Kreuzburg gingen. Dann konnte ich nämlich meine verehrte Schwester Ambrosia ganz nahe vor mir sehen, und zwar nicht nur von hinten und unter Augenverrenken, nein ich konnte ihr richtig ins Gesicht, in die Augen sehen und brauchte mich dabei nicht einmal zu verstecken, es war legitim. Schwester Ambrosia spielte nämlich beim Gottesdienst das Harmonium – eine Orgel gab es bei den armen Weißen Vätern nicht – auf der Empore. Und ich – ich Glückspilz – war Vorbeter, weil ich gut lesen konnte, und Vorsänger, weil ich eine ganz gute Stimme und ein gutes Gedächtnis für Melodien hatte, von Noten verstand ich nicht viel. Als Vorsänger durfte, ja mußte ich natürlich beim Organisten auf der Empore sein, also bei der Harmonium-Spielerin, also bei Schwester Ambrosia. Wir mußten uns mit den Augen über Ende des Vorspiels und Einsatz des Gesangs verständigen, wir mußten uns ansehen, ich durfte sie ansehen, unverhüllt und oft auch lange, wenn das Vorspiel lang war und ich auf meinen Einsatz wartete und pflichtschuldigst an ihren Augen hing, während sie angestrengt auf die Noten blickte. Dabei sah ich natürlich auch ihren Mund, ihre Lippen, die sich beim Harmoniumspiel leicht bewegten und immer neue Bogenformen bildeten, ohne daß dabei der Mund sich öffnete. Und wenn der Priester am Altar nicht den richtigen Ton fand und sie am Harmonium auf eine neue Tonlage umschalten mußte, dann machte sie immer den Mund auf und nahm die Zunge zwischen die Zähne. Das sah sehr süß und lustig aus. Aber schön war sie, wenn sie den Mund geschlossen hielt und nur die leichte Bewegung der Lippenbögen den Harmonienstrom begleitete und die Augen sich auf die Noten konzentrierten, bis sie mir mit einem kurzen Aufblick das Zeichen zum Einsatz gab. In dem Augenblick, wenn sie zu mir rüberblickte, fürchtete ich jedesmal, ich kriegte keinen Ton heraus. Aber sie blickte dann ja immer sofort wieder auf ihre Noten, und dann sang ich aus vollem Herzen »Ave maris stella«. Und ich sang, so schön ich konnte. Jedenfalls sang ich so gut, daß ich keinen ernsthaften Konkurrenten bei Schwester Ambrosia hatte. Ein Jammer nur, daß so ein Hochamt immer so schnell vorbei war. Früher waren mir Hoch- und Levitenämter endlos lang vorgekommen. Jetzt konnten sie mir nicht lang genug sein. Zwar suchte ich mich nachher immer noch ein wenig nützlich zu machen mit Noten-zusammenlegen und Harmonium-abschließen und so, aber das waren nur Minuten, in denen ich noch bei Schwester Ambrosia sein konnte. Dann mußte ich gehen, für eine lange Woche weg aus ihrer Nähe. Wenn nicht zufällig ein Feiertag auf einen Wochentag fiel, konnte ich sie volle 6 (sechs) Tage lang nur aus einem Abstand von rund hundert Metern sehen, wenn sie das Nonnen-Brevier betend im Garten unter Apfelbäumen auf und ab ging, und wenn ihr Schattenriß für kurze Zeit am Abend hinter den Gardinen ihres erleuchteten Fensters sichtbar wurde. Wenn in ihrem Zimmer die Deckenleuchte ausgeschaltet wurde, blieb immer noch eine Weile ein schwaches Licht an, vermutlich eine Nachttischlampe. Dann zog Schwester Ambrosia vermutlich das Kleid mit dem Schutzmantelmadonnenrock aus, der rundherum alles Körperliche verhüllte. Unter mir hörte ich den Strohsack knistern, wenn ich mir vorstellte, wie sie sich auszog, um ins Bett zu gehen. Der Strohsack knisterte ganz so, wie damals zu Hause das Stroh auf dem Heuboden beim Doktorspiel geknistert hatte, als ich dem großen Mädchen meinen Kopf auf die nackte Brust drückte, um das Herz zu untersuchen. An sowas dachte ich bei Schwester Ambrosia natürlich nicht. Sie war eine Nonne, und ich wollte Pater werden. Ich verehrte sie, ich betete sie an, aber ich durfte sie nicht lieben.

Ob sie auch manchmal an mich dachte? Und ob auch sie mich vielleicht ein bißchen gern hatte? Natürlich nur so, wie es einer Nonne erlaubt war. An etwas anderes wagte ich ohnehin nicht zu denken. Sie war sehr freundlich zu mir. Aber das war wohl ihr Naturell. Sie war auch zu anderen freundlich. Sie sah mich auch nie besonders an. Nur immer dieser kurze Augenaufschlag am Harmonium, wenn mein Einsatz fällig war.

Aber eines Sonntags, da hat sie mich doch ganz richtig angeschaut. Das Hochamt war zu Ende. Aber Schwester Ambrosia hörte noch nicht auf zu spielen. Sie machte ein Nachspiel, und zwar ohne Noten. Sie improvisierte irgendetwas, offenbar mit großer Hingabe, denn zum ersten Mal hatte sie den Mund beim Spielen leicht geöffnet. Man konnte sogar ihre Zähne sehen. Sie spielte mit geschlossenen Augen. Ich starrte ungeniert auf ihre Lippen, da ich mich unbeobachtet fühlte. Aber plötzlich machte sie die Augen auf, sah mich voll an und spielte und sah mich weiter an und spielte – volle Akkorde, fortissimo, und träumerische Träller, piano pianissimo – und ließ mich nicht mehr aus den Augen – bis zum melancholischen Schlußakkord. Dann schloß sie wieder die Lider, ließ den Kopf auf die Brust sinken und saß reglos vor dem Harmonium. Ich war ganz weg. Der Blick von Schwester Ambrosia war mir durch und durch gegangen, aber zugleich war so etwas wie eine Milchglasscheibe zwischen uns geblieben, sowas wie eine dünne Gardine, sowas wie ein Brautschleier. Eine Nonne verstand sich ja als Braut Jesu und trug einen Gelöbnis-Ring. An diesem Tag half ich nicht beim Noten aufräumen und so. Ich ging sofort raus. Ich weiß nicht recht, warum. So schön wie an diesem Tage hatte Schwester Ambrosia noch nie gespielt. Ich ging, nein ich schritt wie in einer feierlichen Prozession in den abgezäunten kleinen Buchenwald, legte den Kopf in den Nacken und sah die grünen Bäume in den blauen Himmel wachsen und stand zwischen den Stämmen wie einer von ihnen. Am Abend dieses Tages brannte lange das Licht in Schwester Ambrosias Zelle, und ich hörte bis spät in die Nacht ein leises Knistern in meinem Strohsack.

Nach diesem Sonntagshochamt mit dem vielsagenden Nachspiel war ich fast ständig – vor allem in den Latein- und Religionsstunden – damit beschäftigt, zu überlegen, wie ich es anstellen könne, häufiger in die Nähe von Schwester Ambrosia zu kommen. Ich hatte zwar keine Ahnung, was daraus werden sollte: auf der einen Seite, die Nonne, Braut Christi, mit einem goldenen Ring am Finger – und auf der anderen Seite ein Klosterschüler, der ausgezogen war, um Pater zu werden, und ausziehen wollte, die Heidenkinder Afrikas zu taufen. (Die Weißen Väter hatten sich auf das schwarze Afrika spezialisiert.) Aber diese Fragen interessierten mich sehr wenig. Mich interessierte nur eines: Wie komme ich in ihre Nähe, daß ich ihre Augen sehe, die den Schleier durchdringen, ohne ihn zu zerstören?

Der Zufall kam mir zu Hilfe. Der Westdeutsche Rundfunk wollte einen Gottesdienst aus der Klosterkapelle übertragen. Das war für die Kreuzburg natürlich eine große Sache. Schon Wochen vorher – oder waren es gar Monate – begann man mit dem Einüben der Gesänge für die Rundfunkübertragung. Pater Graecosanctus übte mit dem Schülerchor Gregorianische Choräle ein. Bei jedem falschen Ton kniff er die Lippen zusammen oder besser gesagt die Mundpartien, wo andere Leute Lippen haben. Pater Graecosanctus hatte da nur Lippenstriche. Ob er die schon immer so gehabt hatte oder ob der Lippenschwund erst allmählich beim Einüben der Gregorianischen Choräle eingetreten war, weiß ich nicht. Jedenfalls paßten diese verkniffenen Lippen überhaupt nicht zu den wundervoll gelösten, entspannten, zwischen Himmel und Erde frei schwebenden Gregorianischen Gesängen. Pater Graecosanctus übte mit Schwester Ambrosia und mir auch die Vorsängerpartien ein, zu denen eine Orgelbegleitung gehörte, die also nicht zur Gregorianik zu zählen waren. Er selbst hatte zu seinem Kummer eine ziemlich heisere Stimme. Sonst hätte er es sich gewiß nicht entgehen lassen, die Partien des Vorsängers für die Rundfunkübertragung selber zu übernehmen. So mußte er im Hintergrund bleiben, durfte aber hoffen, daß sein Name bei der An- und Absage im Rundfunk ›erklingen‹ würde: »...unter der Leitung von Pater Graecosanctus«.

Ich war natürlich auch mächtig stolz darauf, daß meine Stimme durch die Ätherwellen getragen werden sollte. Aber aufregender als die Rundfunksendung an sich fand ich die Tatsache, daß ich bei dieser Gelegenheit einen Wechselgesang mit Schwester Ambrosia zu vollführen hatte, der die Überschrift »Verkündigung« trug. Schwester Ambrosia hatte die Rolle der Maria im Kämmerlein zu spielen, bzw. zu singen, während ich den Part des Erzengels Gabriel zu übernehmen hatte, der die fromme Jungfrau in arge Verlegenheit bringen mußte. Engel: »Siehe, du wirst empfangen und einen Sohn gebären. – Maria: »Wie wird das geschehen, da ich keinen Mann erkenne?«

Schon Wochen vor dem Sendetermin war alles einstudiert, die schöne Zeit, in der ich Schwester Ambrosia mehrmals in der Woche direkt vor mir sitzen hatte, wobei ich sie als Einzigartige und Auserwählte besingen durfte, war also vorbei. Blieben wieder nur die Sonntagshochämter mit der langen, langen Sechstagewoche dazwischen. Aber ich hatte eine Idee: Einmal nach dem Hochamt fragte ich Schwester Ambrosia einfach, ob sie wohl gelegentlich Zeit hätte, die Vorsängerpartien für die Rundfunksendung mit mir nochmal zu üben; ich fühlte mich noch nicht sicher genug. Sie sah mich ganz komisch an, ein bißchen verwundert, ein bißchen erschrocken und sehr fragend, dabei war ich es doch, der eine Frage gestellt hatte. Sie räumte die Noten zusammen und sagte betont beiläufig: »Das läßt sich wohl machen, denke ich. Aber wann« – »Zwischen Abendessen und Nachtgebet?« – »Also gegen acht! Ja, dann kann ich auch. Also dann morgen abend um acht!« – Jetzt war ich ein bißchen verwundert, daß sie gleich »morgen« sagte. Sie hätte ja auch Mittwoch oder Donnerstag vorschlagen können. Ich ging mit einem merkwürdigen Gefühl der Erleichterung und Beklemmung raus. Als ich mich vor der Tür noch einmal schnell umblickte, erwischte ich sie dabei, daß sie mir nachschaute oder vielmehr nachgeschaut hatte. Sie wandte sich natürlich sofort wieder den Noten zu und rasselte mit dem Schlüsselbund. Aber sie hatte mir nachgeschaut. Das war offensichtlich. Ich lief wieder in den Wald und sah die grünen Buchen in den blauen Himmel wachsen, genaugenommen war der Himmel grau an diesem Tage, aber ich sah dennoch die Bäume in den blauen Himmel wachsen und lehnte mich an einen mächtigen Stamm, war fromm wie der hl. Franziskus und sprach: Bruder Baum und Schwester Sonne und Schwester Ambrosia. Dabei legte ich den Kopf in den Nacken, als ob die Schwester Ambrosia irgendwo da oben bei der Sonne anzusiedeln sei. »Morgen abend!«

Die Schulstunden am Montagmorgen waren endlos.

Caesar befriedete mal wieder irgendeinen aufmüpfigen Volksstamm, der die Segnungen der Herrschaft Roms nicht zu schätzen wußte. Dabei bewies er einmal mehr seine Großmut, indem er den Anführer der Aufständischen am Leben ließ und nur dessen Kinder als Geiseln und Unterpfand der Treue mitnahm. – Der Griechischlehrer begann wieder mit dem Spruch »Ho mä dareis anthropos u paideuetai – Der Mensch, der nicht geschunden wird, der wird auch nicht erzogen.« Dann wiederholte er sämtliche Konjugationsformen der Verben. Der Griechischlehrer war übrigens Pater Graecosanctus, der lippenlose, der uns auch die Gregorianischen Gesänge einbimste. Mit seinem verkniffenen Mund hätte er eigentlich besser zu den Heldentaten Caesars gepaßt und zu dem Gerede von Tugend, Mannhaftigkeit und Tapferkeit der lateinischen Schriftsteller, die wir in der Schule kennenlernten.

Ein Lichtblick die Deutschstunde bei Pater Gravissimus, der ohne Schuhe und Kutte 250 Pfund wog. Wenn der lachte, und das tat er gern, dann wippte sein Promuntorium, wie er seinen Bauch liebevoll nannte, so sehr, daß der Gekreuzigte am umgehängten Rosenkranz jedesmal einen grotesken Veitstanz aufführte. Das herzhafte Lachen von Pater Gravissimus ging allerdings oft unvermittelt in heftiges Husten über, und er kriegte dann manchmal keine Luft mehr. Die so gemütlich wirkende Erweiterung seines Bauchumfangs hatte eine sehr ungemütliche Nebenwirkung gehabt, nämlich eine beträchtliche Herzerweiterung, an der er dann ein paar Jahre später auch gestorben ist. –

An diesem Montagmorgen besprachen wir das Gedicht »Die Liebenden« von Bertold Brecht. Ich mußte dabei immer an den Abend denken, an die Stunde zwischen Abendessen und Nachtgebet, in der ich mit Schwester Ambrosia zusammen sein würde, um Gesänge einzuüben, um mit ihr zusammen sein zu können. Einige Zeilen des Gedichtes machten großen Eindruck auf mich und schienen mir sehr gut für unsere Situation zu passen trotz der Überschrift, die ja nicht passen durfte:

»Daß so der Kranich mit der Wolke teile
Den schönen Himmel, den sie kurz befliegen
Daß also keines länger hier verweile
Und keines andres sehe als das Wiegen
Des andern in dem Wind, den beide spüren
Die jetzt im Fluge beieinander liegen.«

Leider brach Pater Gravissimus die Besprechung des Gedichts sehr bald ab. Er sagte, er habe sich wohl vergriffen in der Auswahl. Das Gedicht sei noch zu schwierig für uns. Das könnten wir noch nicht verstehen. Ich verstand es auf meine Weise, und bis zum Abend ging mir die Stelle nicht mehr aus dem Sinn:

»...das Wiegen
Des andern in dem Wind, den beide spüren
Die jetzt im Fluge beieinander liegen.«

Die einfache Vorstellung »Beieinanderliegen« war ja im Hinblick auf die Gottesbraut schlechterdings verboten. Aber »Im Fluge beieinander liegen« – das war eine geradezu geniale Formel für das sublime Miteinander zweier gleichgestimmter Seelen, die sich über die Erdenschwere des Körperlichen erhoben hatten. Dies schien mir eine Rechtfertigungsformel zu sein für das Zusammensein von Ordensfrau und Klosterschüler. Fromme Gesänge würden wir gemeinsam einüben. Wenn das kein Seelen-Flug war!

Nach dem Abendessen ging ich sofort zum Hauptgebäude rüber – übrigens mit Erlaubnis des Superiors, der natürlich auch darauf aus war, daß die Rundfunkübertragung ein Ruhmesblatt für die Kreuzburg werden sollte. Ich ging also ganz legitim zu Schwester Ambrosia auf die Orgelempore. Die Tür war aufgeschlossen. Aber sie war noch nicht da. Ich knipste schon mal die Stehlampe auf dem Harmonium an und legte die Noten zurecht. Aber Schwester Ambrosia kam immer noch nicht. Ob sie den wahren Grund meines Übereifers kannte oder doch ahnte? In der Kapelle war eine seltsame Atmosphäre. Der Raum unten war nur ganz schwach beleuchtet. Das ewige Licht flackerte unruhig, obwohl kein Lufthauch zu spüren war. Es war niemand in der Kapelle. Ich würde mit Schwester Ambrosia ganz allein sein. Hier oben auf die Empore kam sowieso niemand. Die Tür war auch immer abgeschlossen. Nur Samstagsnachmittags nicht. Dann war hier oben Beichtgelegenheit für die Nonnen. In der Ecke stand ein Beichtstuhl. Ich ging hin, schob den dicken lilanen Vorhang zur Seite, um einmal einen Beichtstuhl von innen anzuschauen und nicht als armer Sünder von außen durch das Absperrgitter. Dies wäre ein großartiges Versteck für Schwester Ambrosia und mich, dachte ich. Hier könnten wir ganz nahe beieinander sein, ohne fürchten zu müssen, entdeckt zu werden. Zur Empore hatte immerhin die Sakristeischwester noch einen Schlüssel, und außerdem natürlich Schwester Oberin und Pater Superior. Die hatten einen Passepartout für sämtliche Türen im Haus. Auf der Empore konnten wir also überrascht werden. Aber hier im Beichtstuhl würde niemand uns suchen. Der Gedanke, mit Schwester Ambrosia hinter diesem dicken lilanen Vorhang zu hocken, faszinierte mich immer mehr. Es würde ganz schön eng sein für uns zwei, zumal sie ja doch den umfangreichen Nonnenrock anhatte. Die Kräuseln und Falten würden dabei wohl ein bißchen gequetscht werden. Aber wozu eigentlich verstecken? Wir waren doch ganz legitim hier auf der Empore zusammen und konnten jedermann freimütig ins Auge sehen. Eigentlich schade, daß wir ganz legitim zusammenkommen durften. Wenn wir uns im Beichtstuhl verstecken müßten, an einem Ort, der nur für eine Person gedacht war, würden wir eng zusammenrücken müssen, und ich würde spüren können, was unter dem üppig gekräuselten und gefälteten Kleiderrock verborgen war, im Beichtstuhl, also an einem Ort, wo heimliche Sünden ins Ohr geflüstert wurden. Eine aufregende Vorstellung. Aber sie paßte nicht recht zudem sublimen Höhenflug zweier gleichgesinnter Seelen, von dem ich noch am Morgen geträumt hatte bei dem Vers: »Die jetzt im Fluge beieinander liegen.«

Als Schwester Ambrosia kam, war die Beichtstuhlvorstellung wie weggeblasen. Sie kam mir zwar nicht unnahbar vor, aber doch irgendwie entrückt. An diesem Abend gab sie mir zum ersten Mal die Hand. Ich hatte sie vorher noch nie berührt, abgesehen von winzigen Anstuppsern beim Notenzusammenlegen, die ich gezielt herbeigeführt hatte. Jetzt gab sie mir richtig die Hand, und ich erwartete, daß ein elektrischer Funke überspringen müsse. Aber ich spürte nichts dergleichen. Sie hatte mir auch nur kurz und beiläufig die Hand gegeben, ohne mich richtig anzusehen. Dann saß sie schon am Harmonium, schlug die Noten auf und spielte und gab mir das übliche Zeichen mit dem kurzen Augenaufschlag zum Einsatz. Und ich besang die Auserkorene und kündigte ihr wunderbare Dinge an: »Gegrüßet seist du, voll der Gnade, du bist gebenedeit unter den Weibern ... die Kraft des Allerhöchsten wird dich überschatten.« – Und sie mit vibrierender Stimme: »Wie wird dies geschehen...« – und »mir geschehe nach deinem Wort.« – Ich bemühte mich natürlich, schön zu singen, baute aber ein paar Fehler ein, um so eine weitere Übungsstunde unumgänglich zu machen. Jedesmal wenn ich einen Fehler machte, huschte ein spitzbübisches Lächeln über Schwester Ambrosias Gesicht. Sie merkte wohl, worauf das hinauslaufen sollte, spielte aber mit. Zum Schluß verabredeten wir einen neuen Übungstermin »übermorgen um acht«. Ich gab ihr die Hand. Dabei sah sie mich an, daß es mir durch und durch ging, und ich erfuhr, daß man sich mit den Augen viel intensiver berühren kann als mit den Händen. Sie strich mir mit der Hand ganz leicht übers Haar und sagte: »Du mußt achtgeben, daß du auf dem rechten Weg bleibst.« Dann wandte sie sich ruckartig ab, schob die gezogenen Register des Harmoniums zurück, schloß ab und packte Notenbücher hin und her. Ich ging wie betäubt zum Nachtgebet, ohne mich an der Tür umzusehen.

Hinterher konnte ich lange nicht einschlafen. Auch in der Zelle von Schwester Ambrosia brannte lange Licht, und zwar nicht die Deckenleute, sondern das kleine Licht, die Nachttischlampe. Sie lag also vermutlich im Bett. Die hatte es gut. Die konnte einfach ihre Lampe anschalten und lesen, wenn sie nicht schlafen konnte. Mir war das nicht möglich, da noch elf andere Schüler im selben Schlafsaal – sprich Hühnerstall – untergebracht waren und natürlich nicht gestört werden durften. Außerdem hatten wir weder Nachttischschränkchen noch Nachttischlampen. Man hätte höchstens eine Taschenlampe nehmen können. Aber damit hätte man unter die Decke kriechen müssen, denn es war verboten, noch einmal Licht zu machen, wenn der aufsichtführende Pater es gelöscht hatte. Deshalb blieb mir nichts anderes übrig, als zu grübeln und durchs Fenster zu schauen.

Es war eine sternklare Nacht. Der Mond hing wie ein riesiger Sommerapfel im krausen Geäst einer alten Eiche, die zur Hälfte abgestorben war. Der Abendstern schwebte direkt über dem Kreuz auf dem Kapellendach. Aber mehr als Mond und Abendstern zog mich die kleine Lampe in Schwester Ambrosias Zelle an.

Woran mochte sie denken? Was hatte sie gemeint mit dem Satz: »Du mußt achtgeben, daß du auf dem rechten Wege bleibst«? War es schon ein Abweichen vom rechten Wege, wenn der Klosterschüler die Gelegenheit suchte, der Gottesbraut nahe zu sein? Aber dann hätte sie ja die zusätzlichen Übungsstunden schlicht ablehnen können oder sagen können, sie habe keine Zeit. Das hatte sie aber nicht getan. Sie mußte also was anderes gemeint haben. Ahnte sie etwas von meinem verrückten Wunschtraum, mit ihr zusammen in dem engen Beichtstuhl zu hocken? Wäre das ein Abweichen vom rechten Wege? Natürlich wäre es das. Aber hatte sie das gemeint? Und wenn sie das gemeint hatte, wie war sie dann darauf gekommen? Sie konnte doch vermutlich nicht Gedanken lesen. Hatte sie also selber so etwas im Sinn oder doch im Sinn gehabt? Aber dann hätte sie sagen müssen »Wir müssen achtgeben« statt »Du mußt achtgeben«. Wollte sie das vielleicht nur nicht zugeben vor mir und vielleicht auch vor sich selber nicht? Und was bedeutete das »Du«? So jung war ich mit meinen 17 Jahren nun auch nicht mehr, daß man mich so selbstverständlich duzen konnte. War es ein vertrauliches Zeichen, ein Zeichen dafür, daß wir uns nahestanden? – Als drüben das Licht in Schwester Ambrosias Zelle ausging, war ich mit meinen Fragen immer noch nicht zu Rande gekommen. Und ob ich mich nun auf die linke oder auf die rechte Seite legte, um endlich einzuschlafen, immer hörte ich unter mir das leise Knistern im Strohsack.

Am Sonntag nach dem Hochamt sagte ich zu

Schwester Ambrosia, ich müsse ihr unbedingt etwas beichten, aber ich brächte das nur fertig, wenn sie sich tatsächlich in den Beichtstuhl setze. Sie sah mich wieder sehr komisch an, verblüfft, fragend, zögernd. Ich sagte, es sei sehr wichtig. Und da sagte sie: »Morgen abend zwischen Abendessen und Nachtgebet müssen wir nochmal üben.« Klar, sie wollte nicht nein sagen, sie wollte sich aber auch noch ein Hintertürchen offen lassen. Am nächsten Tag ging ich nach dem Abendessen auf die Orgelempore. Die Tür war aufgeschlossen, aber es war niemand zu sehen. Die Stehlampe auf dem Harmonium war eingeschaltet, das Harmonium aufgeklappt, die Noten aufgeschlagen. Aber Schwester Ambrosia saß nicht am Harmonium, sondern im Beichtstuhl. Ich konnte sie aber nicht sehen. Sie hatte den dicken lilanen Vorhang zugezogen. Einen Augenblick lang war ich in Versuchung, den Vorhang zurückzuschlagen und mich zu ihr in den kleinen Beichtstuhl zu zwängen. Aber dann siegte der Klosterschüler in mir und ich trat seitlich an den Beichtstuhl heran und kniete wie zu einer richtigen Beichte vor dem Gitter nieder. Schwester Ambrosia saß da wie ein richtiger Beichtvater, nur daß sie die Stola nicht umgelegt hatte. Sie hielt den Kopf leicht nach vorn geneigt. Ihre Gesichtszüge konnte ich in dem Dämmer des Beichtstuhls nicht erkennen, ich hätte gar zu gern gewußt, was sie erwartete, was sie dachte, warum ich sie in diese seltsame Situation gebracht haben könnte. Aber ich sah nur das Profil des Gesichts, und daraus konnte ich nichts entnehmen. Wie ein richtiger Beichtvater neigte sie den

Kopf zur Seite dem Gitter zu, ohne mich anzusehen, und wartete. Ich begann mit dem Anfang des Wechselgesangs »Gegrüßet seist du«, weil sie doch gesagt hatte, wir müßten nochmal üben. Aber ich sang nicht, sondern flüsterte, wie das im Beichtstuhl üblich war. Sie reagierte nicht. Ihr Gesicht war ganz nahe vor mir. Aber Holzgitter und Cellophanpapier waren dazwischen. Dann flüsterte ich meine Beichte. –

Schwester Ambrosia saß steif wie eine Statue hinter dem Gitter und sagte lange Zeit nichts. Ich wartete. Aus der Profillinie ihres Gesichtes war nicht viel zu entnehmen. Aber ich hatte den Eindruck, daß sich die Lippen immer weiter nach vorne schoben, bis das Gesicht plötzlich den Ausdruck trotziger Entschlossenheit bekam. Dann sagte sie: »Wir müssen uns irgendwo treffen, wo wir richtig miteinander reden können, und wo uns keiner stören kann. Komm morgen nach dem Abendessen in den Totenkeller. Ich werde die Gartentür aufschließen.« Ohne meine Reaktion abzuwarten stand sie auf, ging zum Harmonium und intonierte unseren Wechselgesang vom Götterboten Gabriel und von der Jungfrau im Kämmerlein.

Die Idee, den Totenkeller als Treffpunkt auszuwählen, hielt ich zuerst für verrückt. Aber es war eine gute Idee, denn der Totenkeller war so ungefähr der einzige Ort im ganzen Klostergebäude, wo man sich vor dem überraschenden Auftauchen von Nonnen oder Krankenschwestern, von Patres oder Klosterschülern sicher fühlen konnte. Allerdings unter der Voraussetzung, daß gerade kein Toter im Totenkeller war und daß auch keiner von den Patienten gerade im Sterben lag. Aber Schwester Ambrosia wußte als rechte Hand der Oberin über alles Bescheid. Sie wußte also auch, wann man sich im Totenkeller sicher fühlen konnte. In der Nacht zum Montag schlief ich noch weniger als sonst schon. Auch in der Schule am Montagmorgen schlief ich nicht, obwohl alles, was da geredet wurde, nur von ganz weither an mein Ohr drang. Ich mußte ständig an den Abend und an das vereinbarte Treffen im Totenkeller denken. Die Sache kam mir unheimlich vor. Nicht wegen des Totenkellers. Der ungewöhnliche Treffpunkt machte die Sache nur interessanter. Aber ich hatte offen gestanden ein bißchen Angst, weil ich die vorgeschobenen Lippen, den trotzig entschlossenen Gesichtsausdruck, den Schwester Ambrosia im Beichtstuhl plötzlich bekommen hatte, bevor sie das Treffen im Totenkeller vorschlug, nicht zu deuten wußte. Nach dem Abendessen kletterte ich durch das Toilettenfenster in den Gemüsegarten und gelangte von dort durch eine sonst immer verschlossene Nebentür in den Kellergang des Nordflügels. Hier war es ganz dunkel. Wo die Kellergänge sich kreuzten, brannte eine schwache Lampe. Aber das war weit weg. Ich tastete mich zum Eingang des Totenkellers. Die angerostete Metalltür ließ sich geräuschlos öffnen. Ich hatte Quietschen oder Knarren erwartet. Ich trat vorsichtig ein. Hier war es nicht völlig dunkel, da noch ein bißchen Licht durch die Fensterschächte eindrang, obwohl es draußen dunkel zu werden begann. Ich sah mich unsicher im Raum um. Von Schwester Ambrosia war nichts zu sehen. Dabei mußte sie doch die beiden Türen aufgeschlossen haben. Der Keller war fast leer. Nur in der einen Ecke stand ein Sarg. Offenbar in Reserve. Um mich zu vergewissern, daß er leer war, ging ich hin und hob den Deckel ein wenig an. Ich erblickte schwarze Schuhe, blank geputzt, Schwesternschuhe. Vor Schreck ließ ich den Deckel wieder zufallen, wußte aber sofort, daß Schwester Ambrosia in dem Sarg lag.

Ich hob den Deckel ab und sagte: »Das ist ein schlechter Scherz.« »Meinst du?« sagte sie und lächelte eigenartig, ohne mich anzusehen. Dann breitete sie die Arme aus und rief wie eine Kindergärtnerin »Wer kommt in meine Arme!« – »Die ist verrückt geworden«, dachte ich und beugte mich über sie, um ihr in dem Dämmerdunkel richtig ins Gesicht sehen zu können. Da schlang sie ihre Arme um meinen Hals und zog mich zu sich runter in den Sarg.

Als ich am nächsten Sonntag auf die Orgelempore kam, saß am Harmonium eine andere Schwester. Schwester Ambrosia sei versetzt worden, hieß es. Bald darauf bin auch ich dann von der Kreuzburg weggegangen. Ich wollte nicht mehr nach Afrika. Und ich wollte niemanden mehr bekehren. Ich fuhr nach Hause.

Auch in Verloh hatte sich einiges geändert. Die gewundene Appelbaumchaussee war in der Zwischenzeit begradigt worden. Die Apfelbäume hatte man beseitigt. Ein einziger war übrig geblieben, da wo früher die Straße in einer scharfen Kurve um den alten Spieker herumführte. Der Spieker war ins Bauernhausmuseum nach Detmold gekommen. Der Apfelbaum stand jetzt weit neben der neuen Fahrbahn verloren auf freiem Felde.

Papa und Mama standen vor der Haustür, als ich mit meinem Sperrholzkoffer heimkam. Es war natürlich eine große Enttäuschung für sie, daß ich nun nicht mehr Pater oder Pastor werden wollte, denn nur dazu hatten sie mich zur Schule gehen lassen. Jetzt war das vom Munde abgesparte Geld zum Fenster rausgeschmissen, und ich hatte zudem kostbare Zeit vergeudet. Ich hätte ja sonst inzwischen lernen können, Häuser zu bauen oder Tische und Stühle zu machen oder Brot zu backen. Mit Griechisch- und Lateinbrocken war in Verloh nichts anzufangen. Das war mir klar, und ich wußte nicht, was nun werden sollte.

Als ich vor Papa stand, konnte ich ihm nicht in die Augen schauen. Auch er sah an mir vorbei. Mit Verwunderung stellte ich fest, daß ich genauso groß war wie er.

Übersetzung der niederdeutschen Textstellen

Die Sache mit dem großen Brotmesser

Wat wills du heier? = Was willst du hier?

Dann gaoh na bouten! Du söihs, dat ik heier sitte. = Dann geh nach draußen! Du siehst, daß ich hier sitze.

Wat stäihs du dao na? = Was stehst du noch da?

Muttmutt am Krummholz

Dao sitt kenn Muck inne. = Da sitzt kein Mumm drin.

Wecker nich biteiten lährt häff, ümme sick to beiten, dao wätt siliawe nix mä von. = Wer nicht beizeiten gelernt hat, um sich zu beißen, da wird sein Lebtag nichts mehr draus.

Das Kuhhüten und der Kuhmelkergriff

Ji sött et na to säihen kreigen, wat ik met ju make, Kläinholt make ik out ju. = Ihr sollt es noch zu sehen kriegen, was ich mit euch mache, Kleinholz mache ich aus euch.

Eene meene minkmank

Sannenkindkes = Marienkäfer

Reden und Schweigen

Ik häwe kenne Schwielen anne Tungen. Ik häwe kenne Maul- un Klauenseuche, dat de mi de Tungen outkuaken moß. = Ich habe keine Schwielen an der Zunge. Ich habe keine Maul- und Klauenseuche, daß du mir die Zunge auskochen mußt.

Dat frätt man sölben! = Das friß man selber!

Das schönste Geschenk zur Erstkommunion

Holschen = Holzschuh

Sonntags

Ik schmeite di out'n House rout. Un glaif bloß nich, dat ik di de Dör wiar los make. Gonk hen, wo de denkumen bis, wenn du nich bi mi schlaopen wills. = Ich schmeiße dich aus dem Haus raus. Und glaub bloß nicht, daß ich dir die Tür wieder aufmache. Geh hin, wo du hergekommen bist, wenn du nicht bei mir schlafen willst.

Klümkes = Bonbons

Zahlkarte, Stachelbeerwein und Räucherkammer

Laot dat Rad los, dumme Blage, un mak, dat du na Hous kümmst! = Laß das Rad los, dummes Blag, und mach, daß du nach Haus kommst!

Gonk män in'n Keller, Junge! = Geh man in den Keller, Junge!

Met de Tuffeln kannste de Schweine fouern, schlao mi läiwer Eier met Späck inne Pannen. = Mit den Kartoffeln kannste die Schweine füttern, schlag mir lieber Eier mit Speck in die Pfanne.

Schnöse = Räucherstange

Kleingekriegt

Ik douhe en'n out. = Ich gebe einen aus.

Söih du män tou, dat du dinne Blagen satt kriss. Du häs jä doch kenn Geld. = Sieh du mal zu, daß du deine Kinder satt kriegst. Du hast ja doch kein Geld.

Tante Lene

Fötzeln = Stoffhausschuhe

Broukes di nix up inbillen, dat du bi Hinnerk schlaopen kanns. Ik hä dr ähr met in'n Berre lägen osse du. = Brauchst dir nichts darauf einzubilden, daß du bei Heinrich schlafen kannst. Ich habe eher mit ihm im Bett gelegen als du.

Brombeeren und Bullenhörner

Wecker is't wän? = Welcher ist es gewesen?

Ik he em de Furken in'n Ballig jaget, wenn ik den Döiwel haroutkriegen he. = Ich hätte ihm die Forke in den Bauch gejagt, wenn ich den Teufel herausgekriegt hätte.

Luzia oder Die Teufelsaustreibung

Mi is miliawe na kenn Döiwel üawern Wäg laupen. = Mir ist mein Lebtag noch kein Teufel über den Weg gelaufen.

Quaterigge, ik köire auk manges hauchdöitsch, ohne dat de Luzifär dao ächter sitt. = Dummes Gerede, ich spreche auch manchmal hochdeutsch, ohne daß der Luzifer dahintersteckt.

Ji Mannslöie glaiwet jä sowiesou an nix. = Ihr Mannsleute glaubt ja sowieso an nichts.

Wecker nachts ächter de Naihmascheinen Rausenkränze bät, de mott bidage schlaopen. = Wer nachts hinter der Nähmaschine Rosenkränze betet, der muß am Tage schlafen.

Mein Reich im alten Bombentrichter

Dat is en kläinen Filesofen, de segg nich aolles, wat he wäit. = Das ist ein kleiner Philosoph, der sagt nicht alles, was er weiß.

Das Zigeunermädchen

Du salls dao nich unner staohn bleiben. Dat häw ik di aoll faken noug säggt. = Du sollst nicht da drunter stehenbleiben. Das hab ich dir schon oft genug gesagt.

Wenn de Höiskenhinnerk tohous wäör, dann wöar't wat anners. = Wenn der Häuschen-Heinrich zuhause wäre, dann wär's was anderes.

Outraikern möß'm dat ganze Lager met den Zigeunerpack. = Ausräuchern müßte man das ganze Lager mit dem Zigeunerpack.

Maiennacht

Blaos, Junge, blaos, dat de Hinnersmegger wach wätt un de Sirenen anstellt! = Blas, Junge, blas, daß der Hinnersmeier wach wird und die Sirene anstellt!

Norbert Johannimloh, geboren am 21.1.1930 in Verl im Kreis Gütersloh, studierte Germanistik, Kunstgeschichte und Altphilologie in Münster i. W., wo er lebt und als Akademischer Rat niederdeutsche Literatur lehrt.

Buchveröffentlichungen: *En Handvöll Regen* (Gedicht 1963) – *Wir haben seit langem abnehmenden Mond* (Gedicht 1969) – Im Haffmans Verlag erschienen: *Appelbaumchaussee* (Geschichten vom Großundstarkwerden, 1983) und regelmäßig Geschichten im Magazin für jede Art von Literatur *Der Rabe*.

ÜBER DIE »APPELBAUMCHAUSSEE«

»Kindheitsmuster — westfälisch . . . präzis und behutsam, authentisch noch dort, wo er fabuliert. Dieser Autor weiß, wovon er spricht.« *Helmut Niemeyer/Die Zeit*

»Noch nie habe ich Kindheitserinnerungen gelesen, die so zwanghaft das sexuelle Tabu umkreisen und dabei so viel darüber aussagen, mit welchen Traumata Kinder aufwachsen müssen. Und doch ist es ein ›schönes‹ Buch, weil es Dichtung ist: Dem Leser begegnet in jedem Satz eine geschlossene Bilderwelt, eine sinnlich erfahrene Welt, die mit einem Minimum an Mitteln so beschrieben wird, daß wir sie beim Lesen zu riechen und zu schmecken glauben.«
Eckart Kleßmann/Deutsches Allgemeines Sonntagsblatt

»Erzählungen, die viel mehr erklären als viele Sachbücher.«
Heinrich Peuckmann/Deutsche Volkszeitung

»Provinzliteratur? Wenn ja, dann allenfalls im Sinne der Annette von Droste-Hülshoff.« *Jürgen P. Wallmann/Süddeutscher Rundfunk*

»*Appelbaumchaussee* ist ein Buch, das man mit Wehmut und echtem Bedauern schließt, weil man weiß, daß man es wohl noch zur Hand nehmen wird, sehr oft sogar, daß man auch noch Genuß daran haben wird, daß es aber nie wieder so sein wird, wie es war, als man das Buch zum ersten Mal las. Und dann versteht man auf einmal Hemingway und seine legendäre Liste von Büchern, die mit demselben Genuß wie zum ersten Mal wiederzulesen, ihm tausend Dollar wert gewesen wäre.
Norbert Johannimloh hat gehalten, was er verspricht: uns Geschichten zu erzählen vom Großundstarkwerden. Mit diesen Geschichten hat er das Höchste erreicht, was ein Schriftsteller erreichen kann, das, was Thomas Mann ›klassische Popularität‹ nennt. Es würde mich nicht wundern, wenn spätere Literaturhistoriker den Westfalen einmal in einem Atem mit J. P. Hebel und Jeremias Gotthelf nennen würden.« *Fernand Hoffmann/Luxemburger Wort*

HAFFMANS TASCHENBÜCHER

HaffmansTaschenBuch 1
ARNO SCHMIDT
Fouqué
und einige seiner Zeitgenossen

HaffmansTaschenBuch 2
ROBERT GERNHARDT
Ich Ich Ich

HaffmansTaschenBuch 3
GERHARD POLT
HANNS CHRISTIAN MÜLLER
man spricht deutsh

HaffmansTaschenBuch 4
HANS WOLLSCHLÄGER
In diesen geistfernen Zeiten

HaffmansTaschenBuch 5
ECKHARD HENSCHEID
Franz Kafka verfilmt seinen ›Landarzt‹

HaffmansTaschenBuch 6
JOSEPH v. WESTPHALEN
Warum ich Monarchist geworden bin

HaffmansTaschenBuch 7
DAN KAVANAGH
Duffy

HaffmansTaschenBuch 8
GERHARD MENSCHING
Löwe in Aspik

HaffmansTaschenBuch 9
GISBERT HAEFS
Und oben sitzt ein Rabe

HaffmansTaschenBuch 10
ECKHARD HENSCHEID
Standardsituationen

HaffmansTaschenBuch 11
HERMANN KINDER
Du mußt nur die Laufrichtung ändern

HaffmansTaschenBuch 12
ROBERT GERNHARDT
Die Toscana-Therapie

HaffmansTaschenBuch 13
GISBERT HAEFS
Das Doppelgrab in der Provence

HaffmansTaschenBuch 14
HANS PLESCHINSKI
Pest und Moor

HaffmansTaschenBuch 15
GERHARD MENSCHING
Der Bauch der schönen Schwarzen

HaffmansTaschenBuch 16
DIETER E. ZIMMER
So kommt der Mensch zur Sprache

HaffmansTaschenBuch 17
DANIIL CHARMS
Fälle

DER HAFFMANS VERLAG
1982 – 1987

1982
Robert Gernhardt
Ich Ich Ich
Eckhard Henscheid
Roßmann, Roßmann...
Gerhard Mensching
Löwe in Aspik
Peter Rühmkorf
Kleine Fleckenkunde
Uve Schmidt
Die Russen kommen
Hans Wollschläger
Herzgewächse I
Der Rabe 1 – Der Erste Rabe

1983
Bernd Eilert
Das aboriginale Horoskop
Almut Gernhardt/Robert Gernhardt
Katzenpost
Robert Gernhardt
Gernhardts Erzählungen
Robert Gernhardt
Glück Glanz Ruhm
Eckhard Henscheid
Dolce Madonna Bionda
Eckhard Henscheid
Wie Max Horkheimer einmal sogar Adorno hereinlegte
Norbert Johannimloh
Appelbaumchaussee
Hermann Kinder
Liebe und Tod
Hermann Kinder
Der Mensch, ich Arsch
Arno Schmidt
Julia, oder die Gemälde
Arthur Schopenhauer
Eristische Dialektik
Fritz Senn
Nichts gegen Joyce
Laurence Sterne
Tristram Shandy I
Der Rabe 2 – Der 20er-Jahre-Rabe
Der Rabe 3 – Der erste Ferien-Rabe
Der Rabe 4 – Der Neue-deutsche-Literatur-Rabe

1984
H. M. Bateman
Liebe auf den ersten Blick
Max Bense
Ptolemäer und Mauretanier
Hans-Michael Bock (Hrsg.)
Über Arno Schmidt I
Daniil Charms
Fälle
A. Conan Doyle
Die Abenteuer des Sherlock Holmes
A. Conan Doyle
Der Hund der Baskervilles
A. Conan Doyle
Eine Studie in Scharlachrot
Edouard Dujardin
Die Lorbeerbäume sind geschnitten
Frieder Faist
Schattenspiele
Robert Gernhardt
Letzte Ölung
Friederike Hassauer/Peter Roos
Félicien Rops. Der weibliche Körper – der männliche Blick

Eckhard Henscheid
Traum- und Wunschkalender 1985
Wolfgang Hildesheimer
Der Drachenthron
Arthur Hübscher (Hrsg.)
Gedichte von an über Arthur Schopenhauer
Gerhard Mensching
Rotkäppchen und der Schwan
Klaus Modick
Moos
Hans Pleschinski
Gabi Lenz
Hans Pleschinski
Nach Ägyppten
Gerhard Polt/Hanns Christian Müller
Da schau her
Jan Graf Potocki
Die Abenteuer in der Sierra Morena oder Die Handschriften von Saragossa
Arno Schmidt
Arbeitsexemplar von FINNEGANS WAKE by James Joyce
Arno Schmidt
... denn "wallflower" heißt »Goldlack«
Arno Schmidt
Dichtergespräche im Elysium
Arno Schmidt
Deutsches Elend
Laurence Sterne
Tristram Shandy II
Al Strong
Whisky Weiber Pokerface
Reinhard Umbach/Carsten Hildebrandt
Das große Buch der Bauernregeln
Zeus Weinstein (Hrsg.)
Sherlock Holmes Companion 1
James A. Whistler
Die feine Art sich Feinde zu machen
Uwe Wolff
Der Ewige Deutsche
Hans Wollschläger
Von Sternen und Schnuppen
Der Rabe 5 – Der philosophische Rabe
Der Rabe 6 – Der Lust-Rabe
Der Rabe 7 – Der zweite Ferien-Rabe
Der Rabe 8 – Der neue Neue-deutsche-Literatur-Rabe

1985

Karin Bock
Der § 218 am Ende der Wende
Anthony Burgess
Der lange Weg zur Teetasse
Daniil Charms
Fallen
Robert Crumb
Mein Ärger mit den Frauen
A. Conan Doyle
Die Memoiren des Sherlock Holmes
A. Conan Doyle
Die Rückkehr des Sherlock Holmes
Robert Gernhardt
Hier spricht der Dichter
Robert Gernhardt
Was bleibt
Johann Peter Hebel
Unverhofftes Wiedersehen
Eckhard Henscheid
Frau Killermann greift ein
Eckhard Henscheid
Helmut Kohl – Biographie einer Jugend
Marivaux
Die Kutsche im Schlamm
Flann O'Brien
Trost und Rat
Dorothy Parker
Die Geschlechter
Dorothy Parker
Eine starke Blondine
Hans Pleschinski
Pest und Moor

Gerhard Polt/Hanns Christian Müller
Die Exoten
Gerhard Polt/Hanns Christian Müller
Wirtshausgespräche
Albrecht Schaeffer
Traumdeutung
Arno Schmidt
Atheist?: Allerdings!
Arno Schmidt
Briefe an Werner Steinberg
Arno Schmidt
Der Briefwechsel mit Alfred Andersch
Arno Schmidt
Zürcher Kassette
Zeus Weinstein (Hrsg.)
Sherlock Holmes Companion 2
Joseph v. Westphalen
Warum ich Monarchist geworden bin
Ror Wolf
Hans Waldmanns Abenteuer
Der Rabe 9 – Der klassische Rabe
Der Rabe 10 – Der Brief-Rabe
Der Rabe 11 – Der Reise-Rabe
Der Rabe 12 – Der Arno-Schmidt-Rabe

1986
Victor Auburtin
Das Ende des Odysseus
F. W. Bernstein
Sternstunden eines Federhalters
Ambrose Bierce
Des Teufels Wörterbuch
A. Conan Doyle
Das Tal der Angst
Frieder Faist
Nebenrollen
Robert Gernhardt
Kippfigur
Robert Gernhardt
Schnuffis Sämtliche Abenteuer
Robert Gernhardt
Die Toscana-Therapie
Gott
Die Zehn Gebote
Nikolaus Heidelbach
Kleines Alphabet für Tierquäler und Kinderfreunde
Hermann Kinder (Hrsg.)
Die klassische Sau
Volker Kriegel
Kleine Hundekunde
Guy de Maupassant
Politisches Glaubensbekenntnis
Hans Pleschinski
Der Holzvulkan
Chlodwig Poth
Frankfurt oder ein vorletzter Tag der Menschheit
Walter E. Richartz
Vom Äußersten
Saki
Der Almanach
Arno Schmidt
»Bargfelder Ausgabe« Werkgruppe I, Band 2
Arno Schmidt
»Wu Hi?« Materialien für eine Biographie
Arthur Schopenhauer
Über die Weiber
Christof Stählin
Der Dandy und andere
Christof Stählin
Sex als Themaverfehlung
Laurence Sterne
Tristram Shandy III
Achim Szymanski
Halt durch Steffi!
Joseph v. Westphalen
Warum ich Terrorist geworden bin
Oscar Wilde
Ein idealer Ehemann
Hans Wollschläger
In diesen geistfernen Zeiten
Dieter E. Zimmer
Redens Arten
Dieter E. Zimmer
So kommt der Mensch zur Sprache

Der Rabe 13 – Der Glücks-Rabe
Der Rabe 14 – Der Musik-Rabe
Der Rabe 15 – Der dekadente Rabe
Der Raben-Kalender 1987

1987

Julian Barnes
Flauberts Papagei
Ambrose Bierce
Lügengeschichten
Hans-Michael Bock/Thomas Schreiber (Hrsg.)
Über Arno Schmidt II
George Henry Borrow
Lavengro
Valentin Braitenberg
Gescheit sein
A. Conan Doyle
Sherlock Holmes' Buch der Fälle
Bernd Eilert (Hrsg.)
Das Hausbuch der literarischen Hochkomik
Gustave Flaubert
Das Wörterbuch der übernommenen Ideen
Robert Gernhardt
Es gibt kein richtiges Leben im valschen
Robert Gernhardt
Körper in Cafés
Gisbert Haefs
Kipling Companion
Eckhard Henscheid/F.W. Bernstein
TV-Zombies
Eckhard Henscheid
Sudelblätter
Hermann Kinder
Ins Auge
Rudyard Kipling
Das Dschungelbuch
Rudyard Kipling
Kim
Rudyard Kipling
Vielerlei Schliche
Rudyard Kipling
Das zweite Dschungelbuch
Gerhard Mensching/Nikolaus Heidelbach
Die Insel der sprechenden Tiere
Wolf v. Niebelschütz
Auch ich in Arkadien
Gerhard Polt
Bauerntag im Bierzelt
Gerhard Polt/Hanns Christian Müller
Ja mei ...
Walter E. Richartz
Schöne neue Welt der Tiere
Michael Rutschky
Was man zum Leben wissen muß
Saki
Reginald und Die Blutfehde von Toad Water
Arno Schmidt
»Bargfelder Ausgabe« Werkgruppe I, Band 1
Arno Schmidt
»Bargfelder Ausgabe« Werkgruppe I, Band 3
Arno Schmidt
Der Briefwechsel mit Wilhelm Michels
Arno Schmidt
Das Leptothe=Herz
Walter Serner
Die Langeweile und der Krieg
Laurence Sterne
Tristram Shandy IV
Joseph v. Westphalen
Warum ich trotzdem Seitensprünge mache
Der Rabe 16 – Der antike Rabe
Der Rabe 17 – Der postmoderne Rabe
Der Rabe 18 – Der kulinarische Rabe
Der Rabe 500 – Der Jubel-Rabe
Der Raben-Kalender 1988